# 马克思市民社会概念的生成及其当代意义

陆云◎著

中国社会科学出版社

**图书在版编目（CIP）数据**

马克思市民社会概念的生成及其当代意义／陆云著．—北京：中国社会科学出版社，2023.9

ISBN 978－7－5227－2298－6

Ⅰ．①马…　Ⅱ．①陆…　Ⅲ．①马克思主义—市民—城市社会学—研究
Ⅳ．①C912.81

中国国家版本馆 CIP 数据核字(2023)第 133469 号

出 版 人　赵剑英
责任编辑　杨晓芳
责任校对　刘　娟
责任印制　王　超

出　　版　中国社会科学出版社
社　　址　北京鼓楼西大街甲 158 号
邮　　编　100720
网　　址　http://www.csspw.cn
发 行 部　010－84083685
门 市 部　010－84029450
经　　销　新华书店及其他书店

印刷装订　三河市华骏印务包装有限公司
版　　次　2023 年 9 月第 1 版
印　　次　2023 年 9 月第 1 次印刷

开　　本　710×1000　1/16
印　　张　14.25
字　　数　188 千字
定　　价　78.00 元

凡购买中国社会科学出版社图书，如有质量问题请与本社营销中心联系调换
电话：010－84083683

# 前　　言

在马克思的唯物史观诞生之前，市民社会是在马克思著作中出现频率最高的一个概念。由此可见，市民社会这一概念对于建构马克思唯物史观的重要作用。那么如何理解市民社会与“历史之谜”的关系？如何理解市民社会与唯物史观的关系？市民社会在马克思哲学观的变革中起到何种作用呢？马克思政治理想的实现与市民社会之间有何逻辑关系呢？马克思对市民社会的理解，从最初的“交往形式”，到“生产关系”（“经济基础”）等有不同称谓，不同的称谓虽然也散见于马克思不同时期的文本中，但最直接地汇聚于1845年《德意志意识形态》和1859年《〈政治经济学批判〉序言》关于唯物史观的阐述中，那么，唯物史观第二次表述和第一次表述有何差异呢？对二者本质差异的解析，是学界正确理解马克思主义三个组成部分内在逻辑关系的支点所在。马克思实现哲学观的变革得益于对费尔巴哈和黑格尔哲学的批判性继承，而正是基于市民社会概念之上的唯物史观的确立，马克思才真正实现对费尔巴哈和黑格尔哲学的超越。

马克思视野中的市民社会概念，是立足于资本主义社会之上的现代形态的市民社会，是在批判地继承黑格尔关于市民社会的理解的基础上，做出的较为细致的界定，在不同文本、不同语境下，马克思用不同的称谓指代市民社会，在《1844年经济学哲学手稿》

（以下简称《1844 手稿》）及其之前的著作中，市民社会专指资本主义社会，而在其后的著作中，市民社会主要指“交往形式”，即与生产力相适应的生产关系。一旦完成了对市民社会“交往形式”（生产关系）的具体定位之后，马克思对社会的有机结构就给出了唯物的历史的解读。

市民社会概念是马克思实现其政治理想的基石。梳理马克思思想的形成过程可发现，其最初经历了黑格尔的唯心主义国家观与社会实践的矛盾，即黑格尔认定的在国家层面就可以实现所有人的自由。但现实的残酷颠覆了马克思原有的认知，国家仅仅是维护少数人利益的工具。在理论与现实的冲突中，凸显了市民社会这一概念在社会结构中的重要作用。此时（1843 年）的马克思在思想上处于极度的困惑之中，而困惑的焦点在于国家和市民社会，到底是谁决定谁呢？而摆在面前的残酷的现实已给出了答案：市民社会决定国家，而此时的马克思需要寻找理论上的支撑点。无独有偶，费尔巴哈的两篇短小的论文——《关于哲学改革的临时纲要》《未来哲学原理》发表了，因此，马克思从迷茫中找到了前行的方向。

洞察到市民社会和政治社会的非统一性，且处于彼此分离的状态，这是黑格尔的功劳，但马克思对其观点的致命缺陷也深有洞悉，黑格尔把表面现象当作事情的本质。① 对于黑格尔关于法的理解，马克思批判道：法的关系和国家的形式一样，它们根源于物质的生活关系，这种物质的生活关系的总和，被概括为“市民社会”，而对市民社会的解剖应该到经济学中去寻求。② 对黑格尔念念不忘的绝对的理念，马克思批判道：观念来源于现实，国家的基础只能是家庭和市民社会，家庭和市民社会是国家发展的动力。③ 同时，

① 《马克思恩格斯全集》第 3 卷，人民出版社 2002 年版，第 94 页。
② 《马克思恩格斯文集》第 2 卷，人民出版社 2009 年版，第 591 页。
③ 《马克思恩格斯全集》第 3 卷，第 15、10、11 页。

马克思认识到："真正的市民社会只是随同资产阶级发展起来的。"[1]认识到市民社会的重要性，马克思自然得出了不同于黑格尔唯心主义国家观的结论：寻找人类历史发展过程的钥匙，只能到市民社会中寻找。

但是此时的马克思对于市民社会的理解，也只是从一般唯物主义的角度做出的笼统概括，市民社会为何就成为决定国家的力量了呢？其中的道理此时马克思是无法破解的。但马克思接下来关于世界历史、政治的研究乃至政治经济学的研究，为破解市民社会的秘密奠定了基础。马克思市民社会概念的生成，见于1845年《德意志意识形态》文本中。

市民社会是建构马克思唯物史观的核心概念，显而易见，马克思市民社会概念的生成，宣告了唯物史观的建立。为此，开启"历史之谜"的钥匙也大白于天下，马克思对宗教异化、政治异化、经济异化之谜的破解有了科学的理论支撑。关于马克思苦苦寻求的人的解放的政治目标的实现，有了科学的思想武器做保障。因此马克思完成了哲学的伟大变革。

市民社会是马克思开启"历史之谜"的钥匙，马克思整个思想的发展都围绕这个概念展开，因此市民社会的形成过程和马克思的思想发展过程是统一的。我们在梳理市民社会概念生成的过程时，有两位重要人物时常出现在马克思论述的文字中，毫无疑问，是黑格尔和费尔巴哈，因为两位哲学家对马克思的思想产生过巨大的影响。他们在马克思思想发展的过程中起到了积极的作用，而其消极作用也是无法回避的。这一点在费尔巴哈哲学上体现得尤其明显，从马克思重要的经典著作中可见。

立足于市民社会概念的基础上，才能诠释马克思理解世界的方

① 《马克思恩格斯文集》第1卷，人民出版社2009年版，第582—583页。

式——在“感性活动”中理解世界。在“感性活动”中理解世界，不仅实现了哲学观认识论意义上的重大变革，而且实现了哲学观价值取向的重大变革。

马克思的“感性活动”不同于黑格尔的意识哲学的地方，在于黑格尔的意识哲学无法提供新的“感性”材料，即无法创造“非我”的感性。另外，黑格尔的意识哲学推崇的思维能动性缺少感性的动力基础。[①] 离开了源源不断的新的感性，离开了人类生活的经验基础，思维能动性就会成为无源之水、无本之木，失去继续发展人类学的基础。

从哲学的价值取向上看，马克思的“感性活动”承载着生产力和生产关系（交往形式或市民社会）的矛盾运动，“感性活动”在资本主义社会中具体化为工人的劳动，而资本主义社会的生产力和生产关系的矛盾运动直接表现为工人劳动的异化，马克思正是在对工人劳动异化的秘密进行破解（市民社会私有制的性质决定）的基础上，找到了实现工人解放的可行性途径——铲除资本主义社会生产资料私有制，建立社会全体成员共同占有生产资料的国家。这样，人的自由、全面的发展目标的实现就有了可靠的物质保障。市民社会概念基础上的唯物史观的诞生，意味着马克思在彻底的意义上超越了黑格尔的唯心主义哲学观，并在真正的意义上实现了对费尔巴哈的人本主义哲学的超越。

市民社会概念的生成意味着马克思唯物史观的诞生，唯物史观是实现马克思理想即人类解放的思想武器，是工人摆脱异化状态，走向自由发展的锐利武器，因此唯物史观内蕴着深厚的价值论取向，当代两种社会制度发展的新变化，有力地证实了唯物史观的当

① 孙利天:《马克思的唯物史观对黑格尔辩证法的颠倒》,《马克思主义与现实》2008 年第 2 期。

代意义。

资本逻辑主宰下的西方现代化陷入重重危机之中，发展的困境是摆在世界人们面前共同的难题，资本主义经济危机的周期性爆发，伴随这一现象的生态危机、气候异常、信仰危机等，以及为转移国内危机而人为制造的逆全球化、局部战争等现象，成为制约西方国家发展的瓶颈。如何解决西方国家所面临的重重危机，马克思的唯物史观为人类社会的发展提供了科学的方向。中国式现代化新道路是坚持和发展马克思唯物史观取得的伟大创举，中国的成功经验，既为谋求发展的国家提供了借鉴，也为人类解决共同面临的难题提供了中国智慧和中国方案。

# 目　　录

# 第 一 章

# 马克思的政治理想与市民社会

## 第一节　青少年时期的政治理想

### 一　崇高理想与专业学习

对马克思的成长过程，从尼·拉宾的《马克思的青年时代》一书中，我们可以得到详细的了解。从中，我们看出作者突出对马克思政治理想的形成环境的阐述。众所周知，孩童时期的成长环境对一个人价值观的形成往往起到重要作用，包括父母、教师和邻里对其的影响，马克思在少年时期，他的父亲亨利希·马克思作为一名律师，深受伏尔泰、卢梭以及 18 世纪其他一些先进思想家的影响，律师的思想又进一步地影响了马克思，因此，启蒙运动的思想充满了他的头脑，而对宗教保守主义采取拒斥的态度。

1830—1835 年，马克思曾在特里尔中学就读过，维登巴赫是该中学的校长，而维登巴赫是一位拥护康德学说的学人，是一个深受康德学说影响的校长，坚持理性的教学原则，而摒弃宗教信仰的教学原则，他教授马克思的历史和哲学两门课程，对少年时期的马克思的影响无疑是巨大的。

冯·威斯特华伦男爵是马克思的邻居，知识渊博，喜欢阅读文学书籍，尤其是古希腊时期的作品以及莎士比亚的作品，并且对社会问题感兴趣。男爵在与马克思日常交往的过程中，精心培养马克思对古希腊罗马文化和浪漫主义文学的兴趣。

成长环境也包括社会环境对少年的影响，尤其是政治事件对马克思思想产生的震荡。1794—1815 年期间，特里尔隶属于法国，在这 21 年的时间里，特里尔城的人们享受着作为法兰西共和国的公民所享有的政治自由，但是，自莱茵省被并入普鲁士以后，这种自由就被剥夺了。1830 年的法国革命，唤醒了特里尔人的自由意识，居民相互传阅号召他们从普鲁士统治下解放出来的小册子。

这种进步的倾向被警察局获知并向政府做了报告。1834 年 1 月，特利尔“文学俱乐部”举行了两次宣传自由主义思想的宴会，宴会上的人们演唱了革命歌曲（包括《马赛曲》），甚至升起了法国三色旗。此举动令政府惊惶不安，政府对些进行了侦讯，并做出监督“文学俱乐部”的行动。

马克思的父亲在宴会上发表了带有自由主义倾向的演说，因此受到了侦讯，特里尔中学的校长维登巴赫面临着被撤职的威胁。

进步思想浓厚的家庭环境和社会环境，无疑对马克思未来的人生观产生了巨大影响。17 岁的马克思有着不同于同龄人的深刻，他不断地在思考人活着的意义是什么，生命的价值何在，并把理想落实到实践中去，他把对生命意义的理解，作为选择职业的标准。马克思在中学的撰文《青年选择职业的考虑》中写道：在选择职业时，我们应该遵循的原则是实现人类的幸福和我们自身的完满。如果我们选择了最能为人类福利而劳动的职业，那么，重担就不能把我们压倒，我们的幸福将属于千百万人。①

马克思中学毕业时还不知道他将从事什么职业，然而内心充满着对两种职业的渴望：“深入生活”的职业和研究“抽象真理”的

① 《马克思恩格斯全集》第 40 卷，人民出版社 1982 年版，第 7 页。

职业，但是，他还是确定不了要将哪种职业作为自己的职业志向。

律师亨利希·马克思建议卡尔走他自己所走的道路，马克思听从了父亲的建议，1835 年 10 月开始了伯恩大学法律专业的学习。

少年时代的马克思深受文学作品的熏陶，这一积淀使马克思酷爱读诗和写诗，这一爱好一直持续到大学期间。最初在伯恩大学读书期间，马克思就被这一爱好所左右，大量的时间都被用到读诗和写诗这两件事情上，而荒废了学业。1836 年马克思转入柏林大学学习，在 1837 年 11 月写信给其父亲说："写诗可以而且应该仅仅是附带的事情，因为我应该研究法学，而且首先渴望专攻哲学。"①

马克思在柏林大学学习的过程中，接触到两种对立的法学流派，一种是以经验主义作为方法论原则的历史法学派，由于这个学派为封建法辩护而与马克思的思想格格不入，另一种学派是以唯理论为原则的黑格尔学派，该学派与马克思的思想比较接近。

只要是进步的思想，马克思就会如饥似渴地吸收。如康德、费希特关于人的自然法学说，以及关于国家是社会契约的产物的学说都被马克思汲取为自己知识的一部分。进步人物的思想不断丰富着马克思的理论给养，进步思想的熏陶为马克思以后的实践斗争和理论发展打下了坚实的基础。但是，马克思对他们的思想并不是全盘吸收。

青年马克思对已有的任何一种法学理论都不满意，决心建立一种以先验论为原则的法学体系，但是，马克思的尝试没有成功，因为他制定的先验论论点与现实的法相矛盾。失败的尝试使马克思明白："现实的东西和应有的东西的对立是康德—费希特唯心主义本质上所固有的，这是科学研究道路上的'严重障碍'。那就让这种

---

① 《马克思恩格斯全集》第 40 卷，第 10 页。

唯心主义见鬼去吧！”①

黑格尔哲学却解决了应有的东西和存在的东西的统一问题，因此，马克思将其作为自己思想的同盟者，并加入了黑格尔哲学的左派——青年黑格尔派。

在成为青年黑格尔派成员的初期，即1837—1841年期间，马克思完成了博士学位论文《德谟克利特的自然哲学和伊壁鸠鲁的自然哲学的差别》的写作。

## 二 博士学位论文中关于自由的理解

在博士学位论文《德谟克利特的自然哲学和伊壁鸠鲁的自然哲学的差别》中，马克思选择自然哲学作为研究对象，看似与现实没有联系，实则不然。德谟克利特在古希腊哲学中的地位，犹如黑格尔在当代的地位，近代的黑格尔学说的继承者黑格尔派的地位如同伊壁鸠鲁的地位。因此，知晓了伊壁鸠鲁发展德谟克利特学说所遵循的规律，就可以更好地理解黑格尔派和黑格尔学说之间的关系，并预见黑格尔派发展的趋势。另外，在马克思看来，德谟克利特学说和黑格尔体系诞生于特定的历史时代，如果找到两个时代的共同性，就可以预见当代的发展趋势。

对于德谟克利特的自然哲学和伊壁鸠鲁的自然哲学，当时的历史学家认为，两种自然哲学所遵循的基本原则是相同的，即世界上的一切事物皆是虚空中运动的原子的组合。但是，马克思却看到了它们的差异性。他证明：“德谟克利特过分称赞了具体的科学，而伊壁鸠鲁却认为，具体的科学无助于达到真正的完善；前者强调必然性，而后者却强调偶然性。”②

---

① ［苏］尼·拉宾：《马克思的青年时代》，生活·读书·新知三联书店1982年版，第31页。

② ［苏］尼·拉宾：《马克思的青年时代》，第40页。

马克思进一步地分析了他们观点对立的原因。由于两人生活的时代不同，时代的差异导致社会意识的不同。德谟克利特生活在古希腊社会上升的时代，而伊壁鸠鲁生活在古希腊社会没落的时代。社会上升意味着政治稳定，经济发展，可以给人的发展提供较为宽松的空间（德谟克利特是民主派思想家，他说："在民主国家里受穷，胜于在专制国家里享福，正如自由胜于奴役一样。"①），因此，人们将注意力放在对外部世界的了解上，德谟克利特的原子论以自然科学的视角探究原子的运动规律，并推测原子在运动中遵循严格的必然性。

伊壁鸠鲁生活在古希腊社会没落的时代，社会没落意味着人的发展的宽松空间的消失，以前积极东西的隐退，个人生活的社会环境的退化迫使个人把注意力集中于自身，寻求个体的自由天性。伊壁鸠鲁说："我们的生活需要的不是意识形态和空洞的假设，而是我们要能够过恬静的生活。"② 自我的觉醒使个体认识到，作为个体的自我是绝对独立的和自由的，因此，个体要求过一种恬静的生活。伊壁鸠鲁进一步强调，由于世界都是由单个的原子构成的，所以个体不应该害怕自身在社会生存中的孤立性。对于德谟克利特的原子在运动中遵循严格的必然性的观点，伊壁鸠鲁则持否定态度的结论，并得出原子在运动中呈现偏斜态势的结论，"能动的原则"是原子本身所固有的，原子在运动中偏离直线的个性，被伊壁鸠鲁称为自由。

伊壁鸠鲁以原子的自由推出世界上一切事物的自由，因为整个世界都是由原子构成的，那么，个体的自由的存在是情理之中的事情。伊壁鸠鲁强调人的自由是为了对抗宗教关于神的崇拜。例如，

---

① 《西方哲学原著选读》上卷，商务印书馆 1981 年版，第 53 页。

② 《马克思恩格斯全集》第 40 卷，第 236 页。

伊壁鸠鲁反对把天体（行星、恒星、流星）视作原子的现实体现，原因在于古代人把天体当作神来崇拜，这就同个体的绝对自由的原则相矛盾。若承认天体具有原子的属性，就意味着同宗教的妥协。伊壁鸠鲁鄙视那些认为人是需要神的人。

伊壁鸠鲁从原子的自由推出人的自由的存在，以此来反对宗教神学，这博得了马克思的好感。马克思正是从研究伊壁鸠鲁的自然哲学与德谟克利特的自然哲学的对立中，发现了人的自由的存在，以此来和他所处的时代的主导意识形态宗教做斗争。另外，马克思从原子的偏斜运动和原子的能动性上断定唯物主义可以和运动、发展、自由等概念结合起来，为其今后思想的发展做好了铺垫。

## 第二节　市民社会作为一般唯物主义的内涵的出现

### 一　市民社会在黑格尔唯心主义国家观中的位置

市民社会这一概念虽源于古希腊，但是马克思视野中的市民社会则发轫于18世纪，是新兴资产阶级摆脱中世纪共同体的财产关系并要求契约化的社会组织形式的反应。这种契约化的社会组织形式被启蒙思想家称为“自然秩序”，事实上指资本主义秩序，亚当·斯密认为“自然秩序”根源于人们自发的经济活动。马克思指出，“如果说亚当·斯密是国民经济学的理论出发点，那么它的实际出发点，它的实际学派就是‘市民社会’”[①]。

关于市民社会这一概念，马克思在《〈政治经济学批判〉序言》中写道：这种物质的生活关系的总和，黑格尔按照18世纪的

① 《马克思恩格斯全集》第42卷，人民出版社1979年版，第249页。

英国人和法国人的先例，称之为“市民社会”[①]。18 世纪资产阶级的思想家将“市民社会”与“政治社会”（国家政治法律关系）相对应，但是他们并不清楚“市民社会”对物质生产方式的依赖性，而是从“政治社会”或人的本性的角度来说明它的形成。

市民社会与国家的关系是黑格尔围绕自由的实现展开论述的一个环节。黑格尔是通过两个层次上的圆圈式运动，完成了自由在国家中的实现。第一个圆圈就是“自由从抽象法、道德发展到伦理”。在抽象法阶段展现的自由就是任性（个体凭借自由意志），代表自由的普遍性和抽象性，道德领域的自由是主体反思之后得到的自由，代表自由的特殊性。这两个阶段所理解的自由都不是自由存在的真实领域，需进一步进展到伦理领域，在伦理领域，抽象法表现为具体的政治制度和法律，道德表现为具体的风俗习惯。随着这两个环节的落实，人的发展有了现实的客观保障。表现为个人从抽象的人具体化为现实的人（有了国家的政治制度和法律的保障），从作为反思中确证的主观自由进一步落实到具体的风俗习惯中，自由有了客观的保障。第二个圆圈就是“伦理精神从家庭、市民社会发展到国家。”[②]

黑格尔所用的伦理不同于通常意义上理解的伦理，前者的抽象度远高于后者，已被抬高到理念的层次。被黑格尔解释为自由的理念或活的善。不难看出，黑格尔把自由建立在精神的基础上。作为自由的理念或活的善的伦理，其实现的领域在哪儿呢？黑格尔将其安插在国家范围内。国家作为伦理理念发展的必然性环节，因而具有普遍性，而家庭和市民社会只具有特殊性，所以国家是家庭和市民社会的真理。由此，黑格尔推出，国家决定市民社会。

---

① 《马克思恩格斯文集》第 2 卷，第 591 页。

② 张琼：《国家与自由——从〈法哲学原理〉透视黑格尔的国家理论》，博士学位论文，吉林大学，2009 年，内容提要。

现代意义上的市民社会，不同于封建时代的市民社会，后者凸显政治国家与市民社会的统一，而前者强调二者的分离。这一分离现象，是伴随着近代欧洲资本主义经济萌芽而出现的。对市民社会做出详尽阐述，是黑格尔在《法哲学原理》中完成的。黑格尔从市民社会的构成要素、作为构成要素（个体、同业公会）的需要的满足、对需要的满足的保障、作为伦理实体的最高阶段国家对市民社会的决定作用等几个方面对市民社会展开论述。市民社会的基本要素是个人，而个人是作为道德主体和权利主体存在的。由单个人联合而成的市民社会，其职责就是保护个体的自由、所有权、需要的满足。

社会中还有一种团体，其作为一种经济发展或调节经济发展的组织，介于国家和个人中间，构成了市民社会的另一个要素，被称为自治性团体或同业公会，它是个人与国家、私人利益与普遍利益联结的中介，“它有助于克服个人主义，培养公共精神”[①]。它维护的是特殊的利益或特殊的公共利益。

个体和同业公会构成市民社会活动的主体，必然伴随需要的产生而发展，需要包括直接的需要、观念的需要以及把二者联系起来的社会需要。

在黑格尔看来，满足个体需要的条件是在与他人的相互交往、相互利用中，才能得到实现。这种实现的条件，与黑格尔设定的原则产生了矛盾。黑格尔认为，作为市民社会中的两种原则——特殊性和普遍性原则是“各自独立的，所以从分解的观点看”，“这种统一不是伦理性的同一，正因为如此，它不是作为自由，而是作为必然性而存在的，因为特殊的东西必然要把自己提高到普遍性的形

---

① 周泽之、罗保国、刘国红、项锷、何静：《社会历史之谜的科学解答》（马克思主义经典著作选讲），生活·读书·新知三联书店2007年版，第94页。

式，并在这种形式中寻找而获得它的生存”。[①] 不论作为个体的特殊还是作为自治共同体的特殊，他们与普遍的原则还是有差距的，如果任凭特殊性伸张和发展，必然导致社会道德的沦丧和混乱。因此需要国家警察的监督和制止。

伦理精神的外化，表现在现实的具体事物中，当然，得需要一个复杂的发展过程才能实现。黑格尔认为，伦理精神发展到国家阶段，就是最高阶段。国家是普遍性原则的体现者，家庭和市民社会的法规和利益皆从属于国家。黑格尔进一步指出，市民社会和国家的组织原则和实现的目的是不同的，市民社会是通过个人联合的组织原则，以实现个体或自治团体的利益。国家是基于普遍原则基础上，以警察或司法机关作为后盾的自身联合，实现的是普遍的利益。最重要的差别在于，代表普遍利益的国家不排斥个人的利益和权利，而是在二者的统一中实现个人的利益。

伦理实体通过家庭和市民社会的充分发展，最后进入国家阶段，作为普遍原则的体现者国家是个体获得意志自由的保障。黑格尔认为国家在伦理层面上包含了家庭和市民社会，但又远远高于它们，因此，国家决定家庭和市民社会的发展。

## 二 社会实践与黑格尔的唯心主义国家观的矛盾

马克思大学毕业后的工作经历，直接影响了其思想的发展方向，大学毕业后的马克思面对普鲁士政府在思想政治上的反动和专制，意识到以大学讲坛作为斗争的舞台已不可能，“通过创办自由报刊以争取世界的理性化就合乎逻辑地成为他们当时的政治选择。于是从 1842 年初开始，他们就加强了同《莱茵报》的联系。”[②]

---

① 黑格尔：《法哲学原理》，范扬、张企泰译，商务印书馆 1961 年版，第 201 页。

② 孙伯鍨、侯惠勤主编：《马克思主义哲学的历史和现状》上卷，南京大学出版社 2004 年版，第 38 页。

1842年4月，马克思选择《莱茵报》作为传递自己声音的阵地，但这块阵地很快引起政府的注意，直到1843年3月31日被查封，在这近一年的时间里，马克思直接接触到关乎物质利益的两件大事，一是关于林木盗窃和地产分析的辩论，是马克思对莱茵省议会关于农民捡拾枯枝行为的非法处罚的辩论与批判；二是莱茵省总督冯·沙培尔就摩塞尔地区的农民状况同《莱茵报》记者的论战。这两件事情是和物质利益直接纠缠在一起的，当时的政府、法律完全无视底层人民的生死，完全成为少数有产者维护其利益的工具。摆在眼前的社会实践，不得不使马克思对黑格尔的唯心主义国家观产生怀疑。

在19世纪40年代的德国，关于林木盗窃的案件约占整个刑事案件的四分之三，原因在于为数众多的失去土地的农民不得不在森林里捡拾枯枝和草莓为生。而普鲁士王国居然同意贵族等级把农民的捡拾行为视作盗窃的认定。这种制裁的不合理性是显而易见的，为此，马克思写下了《关于林木盗窃法的辩论》，这是评第六届莱茵省议会辩论的第三篇论文。

这篇论文的写作目的是显而易见的，为法律的不公平，为深受压迫的贫苦群众争取正当的生存权利而呐喊辩护。马克思指出，捡拾枯枝是大自然赋予人们的生存权利，如果被视作盗窃行为，那是蔑视法律的存在。马克思基于自然法的权利的基础上，认为自然界本身提供了贫富对立的例子，即脱离有机生命的枯枝和生机盎然的主干。自然界赋予穷人捡拾枯枝的权利，如果富人连自然界给予穷人的点滴的施舍物也不放过的话，就暴露了他们残忍的本性。①

对于国家和法的理解，马克思依然是黑格尔式的抽象理解，认为国家和法作为理性自由的产物和普遍利益的代表，是伦理实体发

① 孙伯鍨、侯惠勤主编：《马克思主义哲学的历史和现状》上卷，第43页。

展的最高阶段。理应代表多数人的利益，因此，应当保护贫苦群众在内的所有公民。然而现实生活与黑格尔设想的境况大相径庭，国家的法律保护的对象，仅仅限于少数的有产者。“一切国家机关都应成为林木所有者的耳、目、手、足，为林木所有者的利益探听、窥视、估价、守护、逮捕和奔波。”① 事实上，作为国家的概念和它的经验存在之间产生了巨大的矛盾。而此时的马克思认为仅仅维护私人利益的国家制度是违反国家本质的，真正的国家概念应该战胜私人利益。然而国家的法律成为维护私人利益的工具。马克思痛苦地看到：法的原则总是让位于私人利益。为了维护林木占有者的利益，为了禁止农民捡拾枯枝，“省议会不仅打断了法的手脚，而且还刺穿了它的心”②。为什么强大的国家理性处处让位于私人利益呢？这是马克思极度困惑并苦恼的问题。

1842 年 12 月中旬，《莱茵报》刊登了两篇关于摩塞尔河谷地区，乡镇管理中不合理的现象的通讯，但遭到莱茵省总督冯·沙培尔的指责，认为该报道失实。为了驳斥总督的非难，马克思在《莱茵报》上发表了一篇文章——《摩塞尔记者的辩护》。

在文章中，马克思意识到国家并非普遍利益的代表，开始正视国家的“缺陷”，事实上，导致摩塞尔地区人民生活困苦的原因，不在于人民自身，而是政府治理措施的非正当性。摩塞尔地区的贫困状况，“同时也就是**管理工作的贫困状况**”，实质上它反映了“现实和管理原则之间的矛盾”③。

当时的马克思已经不自觉地站在唯物主义的立场上，思考现实和管理原则之间的矛盾，马克思认为国家管理原则是建立在现实基础上，是由客观关系决定的。客观关系不仅决定管理原则，还决定

---

① 《马克思恩格斯全集》第 1 卷，人民出版社 1995 年版，第 267 页。

② 《马克思恩格斯全集》第 1 卷，第 287—288 页。

③ 《马克思恩格斯全集》第 1 卷，第 376 页。

私人的行动，以及行政当局的行动。只要一开始就从客观立场出发，我们就不会单纯地寻找善意或恶意，而会依据客观关系来审视人们在现实中的各类活动。[①]

那么，导致国家管理缺陷的客观关系是什么呢？马克思称之为“**本质的关系**的势力”。“这种本质的关系就是既存在于管理机体自身内部、又存在于管理机体**同被管理机体的联系中的官僚关系**。”[②]这种官僚关系的实质，就是区分出不同的两类群体（等级），这两类群体即为治人者和治于人者，分别对应积极的、觉悟的和消极的、不觉悟的公民，两类公民分别对应着作为觉悟的官员和不觉悟的被治理者，官员严格执行国家管理原则，而被管理者如果表现出对管理者的不满，就被看作动机不纯。马克思认为，自由报刊是消除管理者和被管理者之间冲突的理想渠道。

马克思认为自由报刊从其职能定位来看，兼有政治因素和非官方因素两种作用；虽然有市民的因素，但又和私人利益不同，体现为公民发声和市民诉求的统一。自由报刊从本质上来说是民主的。只有在报刊上，人才会不受现实的从属关系的制约，以平等的公民姿态进行批评和探讨。这样的批评才能真实地体现人民的呼声和愿望。因此，自由报刊是社会舆论的表达和传递，同时，社会舆论也在被传递的过程中，发挥出更好的社会效应来。可见，马克思此时所谈的“自由报刊”，已和常规意义上理解的报刊的含义完全不同，蕴含着启蒙劳苦大众，寻找变革社会的新型力量的目的。[③]

马克思的上述分析表现出明显的进步倾向，但是，由于马克思还未意识到决定国家及法律的存在的客观力量，没有认识到物质关系在社会各种关系中的决定作用，而把理性的国家的应然存在视作

---

① 《马克思恩格斯全集》第1卷，第363页。

② 《马克思恩格斯全集》第1卷，第377页。

③ 孙伯鍨、侯惠勤主编：《马克思主义哲学的历史和现状》上卷，第45页。

真正的国家。决定真正的国家与现实存在的国家的本质差异的力量是什么？当时的马克思还没有找到答案。重要的是，马克思已认识到黑格尔唯心主义国家观与现实的矛盾，但要真正颠倒黑格尔并超出其理解框架，还需要马克思做进一步的探究。

## 三　费尔巴哈唯物主义原则的启示

社会实践呈现给马克思的不同于黑格尔的唯心主义国家观的关于国家与利益关系的经验存在。理论与实践、理性与现实的鲜明对比，令马克思极度困惑和迷茫。尊重现实，还是遵从理论？茫然中的马克思无从选择，而此时费尔巴哈批判唯心主义的两篇论文发表了，这令马克思异常兴奋，因为他找到了前行的方向。

费尔巴哈的人本主义哲学观的建立是为了进一步地揭示宗教的本质，指出宗教和唯心主义的一致性。费尔巴哈认为唯心主义或者宗教的实质在于割裂思维与存在的关系。唯心主义滥用一般概念的抽象过程并无视其产生的物质基础。以此为条件，把一般概念转化为独立的实体。唯心主义和宗教共同认为具体的、感觉的物体的本源相对于抽象的、非感觉的、非物体的实体来说是第二性的东西。唯心主义和宗教一样，从思想中，从神性的万能的根源中抽引出具体的经验世界来。自然界在它们的眼中，是第二位的。

费尔巴哈的人本主义哲学观以自然为基础，他指出，“自然不仅建立了平凡的肠胃工厂，也建立了头脑的庙堂”①。意即身体、大脑、精神、思维有着共同的来源——自然界，思维是自然界的一种特殊的物质即大脑的产物。

人是自然界长期发展孕育的产物，作为自然界的一部分而存在，费尔巴哈认为，关于哲学探讨的基本问题，如思维和存在、主

① 《费尔巴哈哲学著作选集》上卷，生活·读书·新知三联书店 1959 年版，第 84 页。

体和客体、人和自然界统一的条件在于人，而统一的基础就是自然界。自然界“不仅是感觉的对象，它也是感觉的基础、条件和前提；在我们皮肤内部的那个领域范围内，我们有客观的世界，而只有这个世界才是我们假定我们体外的那个与客观世界相当的世界的基础”[①]。人、主体在自然界之中，客体、自然界也在人之中。

费尔巴哈认为，人还应该被理解为我和你的统一。我或你只有把自己降低为感性的对象，即存在于他人头脑之外，能成为他人直观的对象。这是一种实在的直观，非想象中的直观。费尔巴哈对于人和人之间的联系的理解具有自然的性质，而非社会性意义上的。

费尔巴哈以自然为基础的人本主义哲学观进入社会领域后，并不能合理地解释该领域的诸多意识形式。要么简单地归之为自然行为，要么从唯物主义立场退回到唯心主义。

从宗教产生的源头入手，费尔巴哈把宗教分成两大类，人类早期，自身能力即认识和实践能力低下，对自然产生一种膜拜的心理，这种表现被称为自然宗教。精神宗教（基督教）的产生源于人类对社会力量的依赖，对基督徒来说，国王就是地上的上帝。基督徒心中的上帝是一位具有智慧、仁慈等属性的神，而这些属性正是人类自身具有的属性。费尔巴哈提出“人是宗教的始端，人是宗教的中心点，人是宗教的尽头”[②]。这些观点听起来，令人震撼无比，但是费尔巴哈视野中的人，只是抽象的人，不是从事物质生产实践活动中的人。

费尔巴哈在对道德准则的理解上仍是唯心主义的。他认为感觉是判定善恶和道德的依据。善恶标准是人的利益。而人的感觉是利益的尺度，凡能引起人的喜悦的感觉就是善的，反之，引起人的痛

---

① 《费尔巴哈哲学著作选集》上卷，第528—529页。

② 《费尔巴哈哲学著作选集》下卷，生活·读书·新知三联书店1962年版，第222页。

苦的感觉的就是恶的。基于人本主义基础上的人不是“唯一的人”，而是处于“我和你”不可分割的联系中的人。费尔巴哈认为：在个体单独存在的地方，即不与任何人发生关系的地方，是没有道德的[①]，道德是建立在人和人之间相互关系的基础上的。[②] 道德是一种志同道合式的幸福，是通过“爱”实现的。建立在爱的基础上的生活，才被看作是真正属人的，与人之概念，也即与类相适应的生活。[③] 费尔巴哈的“爱”“类”是没有阶级差别、没有利益之分的超然于现实之上的抽象的概念。

以上基于自然基础上的人本主义哲学观唯物主义地解决了哲学的根本问题的第一方面。费尔巴哈认为：“思维与存在的真正关系只是这样的：存在是主体，思维是宾词。”[④] 也为解决哲学根本问题的第二方面奠定了基础。费尔巴哈认为，人作为思维和存在统一的基础和主体，是认识的基本条件。

费尔巴哈以感性的人为基础实现了思维和存在的统一，这种统一是形式与内容的统一，即客观对象和感性的人的统一。费尔巴哈的上述人本主义哲学观启发了马克思，使马克思实现了哲学思维的转变，这一转变被马克思称为主宾颠倒的原则；人的本质异化的思想。从新的哲学原则出发，即站在一般唯物主义的立场上，马克思首次批判了黑格尔的唯心主义国家观。马克思认为，开启“历史之谜”的钥匙，只能存在于“市民社会”中。[⑤] 为此，马克思进一步指出，理性向来就存在，但可以存在于不同的方式中。因此，虽然批评家有选择出发点的自由，即以理论意识和实践意识中的任何一种形式作为出发点的依据。但是，正确的方式只有一种，即只能从

---

① 《费尔巴哈哲学著作选集》上卷，第 571 页。

② 《费尔巴哈哲学著作选集》上卷，第 572 页。

③ 《费尔巴哈哲学著作选集》下卷，第 191 页。

④ 《费尔巴哈哲学著作选集》上卷，第 115 页。

⑤ 《马克思恩格斯全集》第 16 卷，人民出版社 1964 年版，第 409 页。

现实本身出发，才能真正实现最终目的。为此，马克思对社会历史发展动力的理解建立在现实的基础上。立足于现实本身，去寻找理性发展的力量。这是对黑格尔唯心主义国家观的颠倒。但是，马克思此时还没有找到现实本身的力量，因此，借助于费尔巴哈实现对黑格尔的完全批判是不可能的。马克思还需要新的理论源泉和深入的社会实践。

费尔巴哈关于人的本质异化的思想对马克思的影响体现在《1844 手稿》中，但是马克思已远远超过了费尔巴哈。马克思从宗教的异化进一步延伸到政治的异化和劳动的异化，为市民社会概念的生成做好了理论上的铺垫。

## 第三节 市民社会与马克思的政治理想

### 一 政治理想由理论论证向具体化的社会实践推进

马克思在中学时代就确立了远大志向，志在为人类的福利而劳动，并在博士学位论文中，通过分析伊壁鸠鲁和德谟克利特关于自然哲学理解上的差别，引申出个体自由的存在。马克思虽然在自然哲学的基础上谈论自由，但是马克思真正关心的是人的自由问题，因为伊壁鸠鲁就是通过对原子在时空中出现的偏斜运动，来表达当时的人们（古希腊社会晚期）对自由的生活空间丧失的不满和反抗，他们共同反抗的都是宗教的愚昧统治，但是在马克思生活的时代，还有更加现实的专制制度对自由的限制。对自由的向往和渴望，是马克思进入真正的社会实践领域并与反动的专制制度作不屈不挠斗争的前奏。

尼·拉宾在《马克思的青年时代》中还对马克思的博士学位论文的其他内容做了简要的分析。在博士学位论文中，马克思指出，哲学在探讨其与世界的相互作用中发挥哲学的作用，从抽象的哲学原则出发的哲学，应该改变方向，走向现实的世俗世界。在马克思看来，历史进程不是哲学意识在起作用，而是哲学意识同经验世界相互作用的结果。[①] 各个时代都有特定的较为完善的哲学作为时代的标志，古代以亚里士多德哲学作为时代哲学发展完善性的标志，而近代，则是黑格尔哲学，资产阶级学者兰茨胡特认为黑格尔哲学的完善性体现在“思想和现实在哲学化精神中的调和”，但是马克思否定这一观点，认为黑格尔哲学体现的是哲学与世界的隔绝，哲学成了抽象原则的聚居体。

马克思认为，哲学在达到内部完善后，就应该把目光转向外部世界，在与世界的相互作用中体现自身的价值。因此，马克思得出：自由的理论要在实践中发挥作用，并坚定地走出阿门塞斯的阴影王国，只有走向精神之外的世俗的现实世界。[②]

哲学的这种由内到外的发展过程包括两个方面：客观方面与主观方面。对于客观方面的理解，需要从哲学与客观世界或外部世界相互作用的表现中来理解；主观方面，要从哲学同哲学家的关系中来理解，因为哲学家是哲学思想的生产者。

就客观方面来说，哲学同世界的关系，包括两个方面，即用哲学来解释世界和用世界的本质来建构哲学世界。通俗地理解，就是客观世界主观化（主观能动性要以客观实在为前提）和主观世界客观化。而对于哲学的实现，马克思解释为“世界和哲学的革命化，其结果产生了新的质”[③]。

就主观方面来说，哲学的客观运动是“世界转化为哲学世界，而哲学转化为世俗哲学的双重过程”[④]。所以对于哲学思想的创作者

---

① 尼·拉宾：《马克思的青年时代》，第 42 页。

② 《马克思恩格斯全集》第 40 卷，第 258 页。

③ 尼·拉宾：《马克思的青年时代》，第 43 页。

④ 尼·拉宾：《马克思的青年时代》，第 43 页。

来说，必须面对两个对象：世界和哲学本身。

基于上述的分析，可将哲学分为两个对立的派别，面对哲学本身的称为自由主义派别，这个派别接受了哲学的概念和原则；面对现实世界的称为实证主义派别，这个派别反映了现实的成分。

事实上，自由主义派别的代表即黑格尔派，本应把注意力集中于哲学本身，然而他们却把目光转向了外部的世界。实证主义派别似乎应研究事实本身，而他们却从事哲学自身的研究。对此，马克思总结道，每一派都做了自己不该做的事，尤其是实证主义派别出现了本身的颠倒和错乱，只有作为概念派的自由派，才能带来真实的进步。[①]

站在人民的立场，为人民的需要而努力奋斗，这是马克思中学时期就已确立的人生目标，而这一理想在马克思大学毕业后，变为现实。马克思最早参加的政治活动，是其撰写的第一篇政论性文章，即对普鲁士的书报检查令进行的批判。这表明马克思已成长为一个民主主义者。普鲁士的书报检查制度始于1819年10月18日。在书报检查制度实施的二十多年的时间里，德国的精神产品是极度贫乏的。因此，废除书报检查制度就成为时代的必然。马克思的《评普鲁士的书报检查制度》就是在此环境中应运产生的。在马克思看来，精神的自由是人作为理性人的最基本的权利，作为理性的产物，客观真理是独立于任何个人而存在的，而书报检查制度无视精神的自由、无视客观真理，荒唐地认定，书报检察官就是客观真理的标准，并强制人们执行该标准，“硬说他们在行动中没有怨恨、没有私欲、也没有人类的弱点”。实则是以个人的任性给精神施加暴力。出版自由和精神自由是一致的。

人们精神自由的体现，最显著的一点，是赋予人们探讨真理的

① 《马克思恩格斯全集》第40卷，第259—260页。

自由。自由地探讨真理，不是信马由缰地肆意乱说，一定要符合对象的性质。以对象性质为前提进行探讨，才能获得出合乎真理的结论，也才能让精神自由的天性尽情地施展出来。出版自由就是人们精神自由产物外化的渠道，作为出版物既不能是个人任性的结果，又不能无条件地服从于政府的书报检查令。因为精神作为自由的产物，体现的是整个人类的智慧的风貌。而书报检查制度把“官方的色彩”强硬地加于事物的身上，是对事物自身发展而体现出的真理成分的歪曲。这里表现为法律对理性自由的干预，对此，马克思指出，理性和法分别隶属于不同的范畴，因此有着各自的功能。理性代表客观真理，普遍性是其显著特征。而法是通过对非理性行为的约束，以保障客观自由的实现。因此，从自由实现的角度来说，理性和法具有一致性。但是，书报检查制度却禁止发表进步倾向的作品，可见当时的法律不仅惩罚人们的行为，还要惩罚人们的思想，与保障自由实现的法的概念是背道而驰的。另外，马克思从书报检查令禁止对宗教的批判上，得出书报检查制度的真正目的，是维护宗教制度，马克思进一步指出，对宗教的保护也就是对现存国家制度的保护。①

接下来，马克思作为《莱茵报》的主编面临的难题，就是如何理性地分析物质利益之间的纠纷，为了解决这一迫在眉睫的难题，马克思重新思考国家、法与市民社会的关系。

## 二　市民社会与马克思的政治理想

马克思在中学时代的崇高理想和大学时期关于自由的理解，使马克思满怀理想和抱负参加了社会实践的斗争，在《莱茵报》时期写的三篇辩论性的文章，使马克思对自己的政治理想——人的自由

① 孙伯鍨、侯惠勤主编：《马克思主义哲学的历史和现状》上卷，第39页。

的实现有了更加具体化的理解。三篇文章分别为《评普鲁士的书报检查制度》《关于林木盗窃法的辩论》《摩塞尔记者的辩护》，三篇文章分别反映了对立阶级的思想观念领域的斗争，统治阶级不仅在物质利益上占据统治地位，而且在观念领域亦是如此，反对其他阶级对真理的探求；林木盗窃法并没有考虑到底层百姓的利益，而只是私人利益的代表，国家本应该代表全体人民的利益（黑格尔的国家观），但是强大的国家机器在私人利益面前束手就擒，此时马克思还没有形成国家机器是统治阶级统治人们的工具这样的观点，所以不能理解国家只代表少部分剥削者的利益这一社会现象；摩塞尔记者反映的问题本是对现实的真实揭露，可总督指责其报道失实。

马克思勇敢地为摩塞尔记者辩护，这一事件使马克思明白了“现实和管理原则之间的矛盾”，如果作为管理原则的国家制度是合理的，那么现实又将怎样解释呢？从这里，马克思看到了管理原则的不合理。三篇文章集中揭示了上层建筑的相关领域（法、制度、观念）直接受制于统治阶级的物质利益的事实，在当时，马克思虽然看出了各等级的特殊利益支配着他们的各自态度，但是，马克思对国家与法的问题的理解还未上升到彻底的唯物史观的角度，只能在一般唯物主义的立场上，看到决定国家的力量只能是市民社会。因此，开启人类历史过程的钥匙，也只能到市民社会中寻找。[①] 而对于市民社会为何成为决定国家的力量，马克思还不完全知晓。

但是，在作为《莱茵报》的撰稿人的社会实践中，尤其是通过上述三篇文章在为了维护底层百姓的利益而与政府的论辩中，马克思已认识到等级议会制与人民代议制的对立、现存的国家制度和理性国家概念的矛盾、国家和法与私人利益之间的矛盾、现实和管理原则之间的矛盾、阶级利益与阶级观念的关系。尤其是其中的三对

① 《马克思恩格斯全集》第16卷，第409页。

矛盾，早期的马克思还不能形成市民社会（经济基础）决定国家（法、管理原则）的唯物主义思想，而把实现自由的保障寄托于理性国家。社会实践中有关经济利益问题的纠纷，加之费尔巴哈人本主义哲学的启示，使马克思认识到是市民社会决定国家，而非国家决定市民社会。在上述马克思思想的转变过程中，也随之出现了马克思解不开的谜团，即议会制与阶级利益的关系问题、阶级的起源问题、人民主权问题，带着这些谜团，马克思开始了艰难的理论探讨。

通过对世界主要国家的历史和政治进行深入研究，马克思一定程度上理解了市民社会（经济基础中的所有制）与上层建筑（国家、法、代议制、官僚机构）之间的关系。但是，是什么力量决定市民社会的存在的呢？直到对资本主义社会做细致的剖析之后，在发现了生产力和生产关系的矛盾之后，在对各种唯心主义的思潮批判之后，马克思才把市民社会这一概念置于社会有机体的链条（唯物史观）中。也只有立足于社会有机结构的框架中，马克思才在彻底的意义上理解了市民社会决定国家的确切内涵。马克思又经历了漫长的三年多的时间，在三年多的时间里，马克思对费尔巴哈的态度由少许的不满转变为彻底的批判，在评判历史的标准上，由费尔巴哈的抽象的类本质转变为现实的历史中的人，由异化思想转变为实践观的思维。马克思在实现了哲学观的彻底转变之后，实现了对市民社会概念的多层次把握，也在唯物史观的意义上理解了市民社会。

经过艰难的理论探讨，马克思明白了市民社会决定国家的真正内涵，而市民社会的性质也就决定了国家的性质，在私有制的条件下，市民社会概念的核心内容就是生产资料归谁所有，从而决定产品的分配权，也决定了某个阶级在整个社会中的地位，即经济地位和政治地位及其对意识形态的掌控权。所以黑格尔抛开对市民社会的具体分析，而从理性的角度设定国家是普遍理性的代表，理应反映全体人民的利益，在国家中，人民可以实现自由的愿望只是理性的幻想。马克思对既往历史的深入探讨，集中在对世界政治、政治经济学的研究上，并从中发现了市民社会这一概念在人类社会发展中的重要作用，现实的社会概况也证实了马克思的历史发现：市民社会在整个社会结构中的重要作用。得出了关于社会结构的逻辑链：生产力—市民社会—国家法律等的上层建筑。资本主义社会发展到一定阶段，社会分工高度精细化，证明了生产力已发展到社会化水平，但是资本主义社会私人占有制，满足不了社会化大生产的需要，生产关系与生产力之间的矛盾发展到一定程度，就会引起整个社会生产的崩溃。同时也产生了一个革命的阶级，其代表着全人类的利益，肩负着打碎资本主义国家机器，重新建立没有阶级压迫的国家的重任。这样的国家代表全体人民的利益，在全社会范围内实行按劳分配，经济上的平等才能带来政治上的平等，在消除私有制的国家中，人的自由、平等才能成为现实。

# 第二章

# 马克思市民社会概念生成前的思想进程

## 第一节　马克思市民社会概念的起源

### 一　古典时期：市民社会与国家的合一

市民社会概念的问世，是社会发展进步的结果，发起于古希腊时期，伴随着城市的兴起而出现的。城市的兴起意味着人类的发展逐渐摆脱野蛮状态，逐步走向文明之路，并从部落制度走向了国家。在这个意义上，市民社会等同于文明社会。而亚里士多德还赋予了城市或城邦政治功能。这可以从其《政治学》一书中关于“Politike Koinonia”（Plitical Society/Community）的概念上体现出来。这一概念拉丁文译为“Societas Civilis”。“Politike Koinonia”被亚里士多德称为政治共同体或城邦国家，具体指“自由和平等的公民在一个合法界定的法律体系下结成的伦理——政治共同体”[①]。从定义中，我们不难看出，构成市民社会的三个条件：从构成的主体来看，必须是自由和平等的公民；从成立的前提看，必须符合法律规定，同样，也受法律的保护；从其性质来看，是具有政治功能的共

---

① ［美］柯亨（Jean L. Cohen）、［美］阿拉托（Andrew Arato）：《市民社会与政治理论》Civil Society and Political Theory、坎布里奇，麻省理工出版社 1992 年版，第 84 页。

同体。古典意义上的“Civil Society”有三种含义：市民社会、政治社会、文明社会。古典时期的理论家们往往是在上述三重含义的基础上使用“Civil Society”这一概念的。亚里士多德认为“Politike Koinonia”不仅具有政治功能，还有道德上的价值诉求，只有在城邦这样的共同体中，人们才可能过上美好的生活，而在家庭和村落中则不能。

市民社会作为一种共同体，出现于古希腊时期。可市民社会概念迟至公元1世纪才出现，古罗马政治理论家西塞罗最早给出了关于市民社会的定义。[①] 1992年出版的《布莱克维尔政治学百科全书》一书中，有着关于西塞罗对市民社会的具体描述，在西塞罗那里，市民社会“不仅指单个国家（特别是共和国——笔者注），而且也指业已发达到出现城市的文明共同体的生活状况”。从上述定义可以看出，西塞罗视野中的市民社会包含市民社会、文明社会、政治社会三种含义。

随着基督教的兴起与日渐强大，形成了教会与政治国家的对立与斗争。政治理论家们分别为皇权和王权的各自权限进行论证，这样原来用来描述城邦生活的市民社会就从思想家们的视线中隐退了。这种远离城邦生活的市民社会概念的内涵一直到13世纪未变。这个时候，有别于当下主流思潮的亚里士多德的著作被译为拉丁文，并在罗马国家得到了传播，不同思想家们怀着各自的目的，或为皇权辩护，或为王权辩护，但都想从亚里士多德的市民社会理论中寻求武器。如托马斯·阿奎那明知亚里士多德的市民社会是重视城邦文明生活的，而他是如何协调信仰上帝与人们对物质生活的需求之间的矛盾的呢？他“承认国家或政治社会的目的是引导公民实现最美好的生活”的，而美好的生活不仅包括物质上的“丰裕、和

① 何增科：《市民社会概念的历史演变》，《中国社会科学》1994年第5期。

平与安宁，而且还包括与上帝共享天伦之乐”①。而后者只有高扬神权才能做到。但到了 14 世纪，出现了为王权辩护的思想家，这些思想家认为，人们的物质需要和伦理需要，在政治共同体或国家内就可以得到满足，因为共同体或国家本身是自给自足的社会。因此，王权的实现是不需要教会批准的。由此，14 世纪被重新使用的市民社会，仍是在政治社会、市民社会、文明社会三重含义以上出现的。

17 世纪到 18 世纪，随着教会势力的削弱，为王权合法性进行辩护的君权神授思想，已越来越受到人们的质疑。契约论的思想应允产生。一些契约论的思想家们（洛克、卢梭、康德）认为市民社会（和政治社会同义）作为契约的产物与人们的自然状态相对立。而早期人类的自然状态，事实上就是无政府状态，也被称为“前国家社会”。前国家社会是一个缺乏安全保障的社会，为了克服这种自然状态的不安全因素，人们想出一个办法，即让国家来保卫每个人的安全，通过协约的方式让渡部分或全部权利给国家，国家通过法律和国家机器等确保人们的安全和共同利益。契约论的思想家从民众自身利益和安全得到实现的视角，给出了国家政治权力合法性的论证，并借此反对君权神授的谬论。

从以上四个时期的论述中，我们看出古典时期的市民社会概念具有以下三个特征。就文明社会相对于野蛮社会而言，它具有道德上的价值诉求，而道德判断的标准是建立在政治共同体基础上的；从市民社会概念的起源上看，政治功能是它的典型特征，拥有政府和法律是市民社会文明特征的标志；从市民社会政治功能得到实现的基础上看，共和政体是政治文明的基础。

① 何增科：《市民社会概念的历史演变》，《中国社会科学》1994 年第 5 期。

## 二　现代意义：市民社会与国家的分离

现代意义上的市民社会概念，是社会生产力水平提高，经济功能在社会中的作用得到彰显的反映。是对古典时期市民社会与国家完全统一的否定。中世纪时期的市民社会与国家的高度合一，蕴含着特殊的政治意义，对此，马克思评价道：中世纪的精神可以表述如下：市民社会、政治社会及国家遵循同一原则。[①] 16 世纪以后，随着市民等级在工商业活动领域的发展，要求摆脱王权限制的愿望愈来愈强烈，进而表现为资产阶级革命。革命的积极成果必然是，封建专制的统治被推翻，并确立了“代议制民主原则”。代议制的确立，为市民等级的经济发展提供了法律上的保障。马克思以法国为例，分析了法国资产阶级革命成功的积极意义。首先，打破了封建专制下市民社会与国家高度统一的态势。其次，实现了等级功能的转换，即市民社会实现从政治等级到社会等级的转变。等级差别变成了社会差别。[②]

16 世纪开始的市民等级工商业活动的发展，为市民社会和国家的分离奠定了现实基础，而直到 18 世纪，思想家们才对二者的分离做出理论上的解释。例如洛克从现实中，已经直观到“政府和社会的区别”，但未作系统化的区分和论述。在洛克之后的启蒙思想家孟德斯鸠和伏尔泰，在区分市民社会和国家的基础上，对二者分离的趋势已有明确的心理预判。只有资产阶级思想家托马斯·潘恩明确呼吁市民社会要摆脱政治因素的影响，作为一个独立的经济领域而发展自身。该领域的发展贯穿着自由平等和互利的原则。而国家以契约的方式保障社会成员的安全，但这是一种消极的方式。

---

① 《马克思恩格斯全集》第 3 卷，第 90 页。

② 《马克思恩格斯全集》第 3 卷，第 100 页。

在资本主义时代，随着经济的发展，市民社会对政治的依赖愈发减弱，并极力摆脱政治的控制。对此，托马斯·潘恩批判道：社会在各种情况下都是受欢迎的，而政府在任何情况下，都是一种祸害。[①]随着市民社会的发展和完善，政治国家的作用显得无足轻重了。

黑格尔虽然认为现代意义上的市民社会，是与国家相分离的，但是市民社会必须以国家为前提，国家为市民社会的存在提供保障。另外黑格尔还把市民社会置于家庭与国家之间。在市民社会中，每个个体需要的满足，是建立在个体相互交往的基础上的，个体在满足他人福利的同时，也满足了自己。[②] 从黑格尔对市民社会的描述中，我们看出市民社会是一个特殊利益的领域，另外黑格尔把市民社会又看作绝对理念发展的一个环节，这样，唯物主义（特殊利益的领域）的分析又淹没在唯心主义的逻辑框架中。以国家作为理念发展的最高阶段，而家庭和市民社会是理念发展中的一个环节。从市民社会"以国家为前提"，看出黑格尔不是把市民社会看作历史发展的物质基础，而是由最高理念决定的。

## 第二节　市民社会决定国家：《黑格尔法哲学批判》的初次论述

### 一　黑格尔唯心主义国家观的哲学透视

早期的马克思，通过费尔巴哈的主宾颠倒原则，得出和黑格尔相反的结论——市民社会决定国家。但是，马克思意识到要实现对社会真理的把握，必须对黑格尔的唯心史观进行系统的清算。因此，《黑格尔法哲学批判》成为马克思撰写的第一部著作，是情理

---

① 《潘恩选集》，商务印书馆1981年版，第3页。
② 黑格尔：《法哲学原理》，第197页。

之中的事情。

思维和存在何者为第一性，是区分唯物主义和唯心主义的分水岭，用费尔巴哈的表述方式，即将思维设定为主体，还是将存在设定为主体，决定了不同哲学原则的差别。黑格尔把思维设定为主体，这里的思维在黑格尔的哲学体系中被设定为绝对理念（逻辑），所以黑格尔哲学体系的核心就是逻辑学，逻辑（绝对理念）外化为自然，自然哲学是逻辑演变过程中的一个环节，表现为外在的事物，外在的自然事物不是逻辑的最终归宿，还要继续回复到自身，精神哲学就是研究理念回复自身的科学，黑格尔的法哲学则属于精神哲学的领域，法哲学围绕自由的实现，设定了自由进展的两个圆圈，第一个是自由在抽象法、道德、伦理领域的进展，第二个是伦理实体的精神在家庭、市民社会以及国家中的进展。在黑格尔看来，国家是绝对理念发展的最高阶段，代表普遍的利益，而市民社会是特殊利益的体现，是绝对理念进展过程中的一个环节，因此，他认为国家决定市民社会。

马克思对黑格尔把现实（市民社会）和理念（理念的最高阶段为国家）颠倒的神秘主义进行了揭露。在黑格尔那里，“观念变成了主体，而家庭和市民社会对国家的现实的关系被理解为观念的内在想像活动”[①]。黑格尔不是从现存的事物出发，探讨事物的内在逻辑，而是把理念或逻辑设定为现实存在的事物的根据，一切皆从理念或逻辑出发，探讨逻辑推进的环节。这样，“作为出发点的事实没有被理解为事实本身，而是被理解为神秘的结果”[②]。

马克思对黑格尔颠倒主宾的思维批判道：“重要的是黑格尔在任何地方都把观念当作主体，而把本来意义上的现实的主体，……

---

① 《马克思恩格斯全集》第3卷，第10页。

② 《马克思恩格斯全集》第3卷，第12页。

变成谓语。”[①] 黑格尔把现实的事物当作谓语，来实现对作为主语的观念或理念的揭示。这里，逻辑决定现实事物的生灭变化。因此，从黑格尔的逻辑本源论，就可以得出思维决定存在的唯心主义结论。

## 二　市民社会决定国家的论证

马克思对黑格尔的唯心主义国家观进行了深刻的批判。他认为本来是“家庭和市民社会使自身成为国家。它们是动力”[②]。但黑格尔将家庭、市民社会和国家，安排在其理念运演体系中的不同位置，把家庭和市民社会安排在理念（国家）发展过程中两个有限性的领域，家庭和市民社会作为国家的两个组成部分，属于国家本质的划分。按照黑格尔的逻辑设定，国家决定家庭和市民社会的发展。可实际的情形是，离开作为自然基础的家庭，国家就失去了作为普遍性存在的价值，离开市民社会的人为基础，国家就失去了其政治功能的意义。因此，家庭和市民社会是国家存在的必要条件。[③] 马克思之所以得出和黑格尔相反的结论，最直接的原因是社会实践的强烈冲击；间接原因是费尔巴哈批判宗教的哲学小短文给予马克思的启迪；根本的原因是马克思的人民立场，只有立足于科学的世界观，才能形成正确的价值观。这里，马克思将市民社会视作人为的基础，是马克思唯心主义的表现。但是对于市民社会与国家的关系，马克思已开辟了唯物主义的方向。但对于市民社会在社会有机结构中的枢纽地位及重要作用，当时的马克思还没有形成系统的构架。这有待于马克思的继续研究。

黑格尔的异化观念所蕴含的哲学思维被马克思改造后，用来分

---

① 《马克思恩格斯全集》第3卷，第14页。
② 《马克思恩格斯全集》第3卷，第11页。
③ 《马克思恩格斯全集》第3卷，第12页。

析国家与市民社会的关系。按照黑格尔的理解，精神在自身发展过程中，外化为具体事物的环节，那是精神异化并发展自身的必然表现。那么，家庭和市民社会就是作为精神的国家在自身发展过程中异化的结果。与此相反，马克思认为国家是家庭和市民社会自身异化的产物。按照黑格尔对异化的理解（事物自身发展过程的表现），马克思可以得出国家是家庭和市民社会内在矛盾运动的结果，其从家庭和市民社会内部产生并对其有决定作用。黑格尔认为的国家与市民社会之间的差别是普遍利益与特殊利益的差别的观点是不能成立的。此时的马克思已经认识到，作为普遍利益代表的国家在阶级社会是不存在的，阶级社会的国家只代表少数统治阶级的利益。

市民社会作为现实的存在，是一个复杂的系统，私有财产作为市民社会的构成元素，其与国家的关系如何呢？黑格尔按照国家决定市民社会的原则，自然而然推导出，国家政权支配着私有财产。立足于唯物主义原则的马克思坚持认为，“国家政权的物质基础是私有财产制度”[①]。而黑格尔却把长子继承权描述为政治国家对私有财产的权力。他“倒因为果，倒果为因，把规定性因素变为被规定的因素，把被规定的因素变为规定性因素”[②]。事实上，长子继承制上的私有财产制度是私有财产自身发展的要求，是私有财产得到实现的法律保障，因此，私有财产不但是“国家制度的支柱”，而且是“国家制度本身”。国家政权是果，而私有财产是因。

关于市民社会与国家的关系，马克思强调了市民社会的基础地位和对国家的决定作用，并对市民社会内部的等级差别作了分析。而对于等级差别的认定源于市民社会内部不同阶层利益之间的矛盾。对于这一判断，马克思既可以从社会实践中直观看到，也可以

① 《论马克思主义哲学的形成和发展——1982 年全国马克思主义哲学史学术讨论会论文选》，河南人民出版社 1983 年版，第 31 页。

② 《马克思恩格斯全集》第 3 卷，第 124 页。

从前人的论述中得到印证。马克思在为《莱茵报》撰稿期间，经历了农民捡拾枯枝与林产拥有者之间的冲突，以及国家对此冲突所采取的态度，摩塞尔地区葡萄种植者的贫困与管理者对其熟视无睹的事实。这些活生生的利益冲突使马克思明白了市民社会内部存在不同阶层利益的差别。

而对于市民社会，马克思最初也是在一般唯物主义的意义上，沿袭了资产阶级学者的理解，称之为“物质的生活关系的总和”，市民社会是各种经济关系的总和，潜在地说明了市民社会内部经济成分差别的存在。而经济成分的差别意味着不同阶层利益之间矛盾的存在。这就必然导致不同阶层之间利益的争夺。这样，阶级的产生及阶级之间斗争的存在，成为市民社会发展的必然。在既有的几个阶级的对立中，马克思尤其注意到产业等级和劳动等级之间的对立。而这里的产业等级就是资产阶级，劳动等级即为无产阶级。马克思认识到人类赖以生存的物质资料，是由无产阶级创造的，无产阶级在市民社会中的重要性是不言自明的。马克思从经济利益方面，强调了两大对抗阶级社会地位的对立。

## 第三节　理论上的突破：国家与市民社会的关系

### 一　所有制及阶级问题、代表制问题、人民主权问题

对上述三个问题的突破是马克思于 1843 年七八月间研究历史和政治的收获，体现在五本的《克罗茨纳赫笔记》中，包括英国、法国、德国、瑞典、波兰、威尼斯共和国、美国发展史的摘录。其时间跨度为近 2500 年的世界历史事件（公元前 600 年—19 世纪 30 年代）。从马克思的读书摘录看，他通过研究和对比不同国家的发展历史，以单独国家的发展特点揭示出整个历史过程的一般发展规律，以解决其所面临的基本理论问题——国家和市民社会之间的相

互关系。围绕这个理论难题，马克思重点关注的领域为：所有制的问题、阶级的起源和阶级特权与等级特权的问题、国家与法的问题，包含立法权和行政权的关系，官僚机构的产生及其与王权的关系，王权、代议制和人民主权的关系等。

对于所有制问题，马克思探讨了“所有制的产生及其在人类历史的不同时代——古代社会、封建社会和马克思当时的那个时代——的发展，所有制的各种形式，所有制关系同政治关系的联系，这些关系对国家和整个社会制度的影响”①。

为了搞清以上所述问题，马克思重点阅读并摘录了关于公社所有制向私有制的转变、封建占有的不同形式和封建所有制的结构尤其是封建社会内部新的资本主义关系的萌芽等篇章，在阅读中马克思有了新的发现——所有制对社会结构及政治机构的影响。这种影响具体表现在军事制度和所有制之间的联系上以及被选举权和所有制之间的联系（财产是享有被选举权的条件）上、统治与奴役问题与所有制之间的联系上。马克思还从普菲斯特所著的五卷集《德国人的历史，论其起源》一书中发现，古代各种形式的土地所有制（自由市民的私人所有制、王室所有制、自治团体所有制）是德国人的生活基础，地方会议是社会生活的中心。②

马克思还考察了私有制对个人自由的影响，他从尤·麦捷尔的肤浅著作《爱国者的幻想》中发现：古代国家体制只保障个人本身的自由，后来，个人自由受到土地占有自由的限制。马克思还从托·汉密尔顿的著作《美国人和美国风俗习惯》中看到：联邦主义者反对让没有财产的人享有选举权；黑人名义上是自由的，而实际上最受鄙视。马克思看到了资产阶级自由虚伪的一

① 沈真：《马克思恩格斯早期哲学思想研究》，中国社会科学出版社1982年版，第33页。
② 尼·拉宾《马克思的青年时代》，第172页。

面：形式上宣称法律面前人人平等，而事实上金钱和重利盘剥是资产者的上帝。[①]

关于阶级的起源和阶级特权与等级特权的本质问题，马克思是通过研究封建社会社会结构的发展来揭示与阶级发展相关的问题，并获得了两个发现：一是封建社会的发展过程就是人民群众深受剥削和奴役的过程；二是在封建社会内部孕育着新生事物的成长，即资产阶级力量的增长，意味着资本主义制度在封建社会中的萌芽，马克思看到"城市自治公社的成立（特别是在法国）是正在兴起的资产阶级发挥经济与政治积极性的结果，与此同时，马克思也注意到了资产阶级为争取自己权力斗争的不彻底性"[②]。

关于阶级特权的问题，马克思是通过研读有关中世纪贵族和城市上层人物地位和权利的著作，获得了对于特权阶级政治势力来源的认识。在封建社会里，对"每一个等级，每一个职业"都赋予"他们应有的特别荣誉和尊严"[③]，而享有最大特权的作为掌管国家事务的大土地所有者只是极少数者。同时马克思认可法国历史学家达吕在《威尼斯共和国历史》一书中的观点："实力"和"天赋超人"并不是产生社会特权的根源，并进一步引申为："财富就是封号"（这里的财富首先是指土地所有）[④]。马克思还通过对法规条文的研究，如英国《自由大宪章》，得出封建特权是受法律保护的，它不受王权的侵害。另外，马克思看到，贵族特权的地位与农奴群众的无权地位形成了鲜明的对比，贵族特权地位越巩固，被压迫者受奴役的程度越变本加厉。物极必反，生活不下去的底层群众必然奋起反抗残酷的封建压迫。马克思从中世纪的农奴反抗封建压迫的

① 尼·拉宾《马克思的青年时代》，第172—173页。

② 沈真：《马克思恩格斯早期哲学思想研究》，第34页。

③ 《马克思主义和国际工人运动史略》（克罗茨纳赫笔记）第四本，莫斯科1977年版，第460页。

④ 沈真：《马克思恩格斯早期哲学思想研究》，第35页。

事例中，看到了宗教的因素。德国历史上著名的宗教改革运动和农民战争就是最好的例证，作为农民战争的领袖和空想共产主义思想家托马斯·闵采尔宣布："宇宙万物，包括水中的鱼、空中的鸟、地上的植物，都成了某个人的所有，这种现象是不能忍受的，因此他要求把权力转交给人民大众。"①

就代表制的问题，马克思在《克罗茨纳赫笔记》中以醒目的标题做了表述，如"国会""官僚制度·官吏们""代表会议对人民主权的态度""立法权""人民主权""政府权力""君主立宪""三权分立""宪法与管理"，等等。②

这些标题是出于对黑格尔的《法哲学原理》中相关问题的批判。通过对德国、法国和英国的历史尤其是政治问题的研究，马克思得出结论，代表制起源于中世纪，表现为中世纪的等级代表机关，这些机关可以说是资产阶级国家代议制源起的最早模式。马克思还指出了代表制的本质，由于代表制及其相关的一系列体制，是在王权联合新兴的资产阶级反对封建主的斗争中发展起来的，所以代表制反映的是资产阶级的政治与经济的利益。而不是如抽象的唯心主义所认为的是人民主权、三权分立等共同原则的体现。

对于这一点，马克思从以下的史实中得到了印证。法国大革命前后，第三等级组成的国民议会的异常规定（在没收教会财产的同时，又保护个人私有财产）使马克思意识到："这里有一个很大的矛盾，一方面宣布私有财产不受侵犯，另一方面又牺牲私有财产。"③ 这是以一种私有制取代另一种私有制，而这并不是马克思反对专制的初衷，马克思意在建立代表全体人民利益的政治体制，而资产阶级的议会制仍然代表少数人利益，足见法国第三等级的"自

---

① 沈真：《马克思恩格斯早期哲学思想研究》，第 36 页。
② 沈真：《马克思恩格斯早期哲学思想研究》，第 36 页。
③ 《马列主义编译资料》第 12 编，人民出版社 1980 年版，第 85 页。

由主义的空谈”。在读书摘录中，马克思发现了财产与平等或者说经济与政治之间的关系，其中最重要的一点是关于“财产作为选举权和被选举权的条件”，并在18世纪末英国选举的历史中得到了证明。18世纪末英国议会选出的157位代表，代表有产者的利益，因为这157位代表均是由84个市镇的财产所有者指派的，有力地证明了资产阶级的“议会的成员不是人民的代表，大部分是他们自己利益的代表”[①]。资产阶级的代表自然维护资产阶级的利益，当人民与政府的意见不一致时，“下院”总是更多地倾向“政府一边，而不是人民一边”！代议制和人民主权的虚假性和欺骗性成为不言自明的事实：“代议制基于两重幻想：统一的公民权利的幻想和代表大会是公民代表的幻想。特别是等级选举法表现出人民主权的骗局。”[②]

黑格尔思辨思维的神奇之处是，总能利用思辨推理，推导出和唯物主义相反的理念来，推导出和人民立场相背离的怪物来。例如，他从单一体及君主和国家的关系上，推出国家作为整体性、决定性的环节，具备非一般的个体性，谁能代表非一般呢？只能是君主。[③] 黑格尔关于立法权的理解是这样的：“国家公民，作为规定普遍东西的人，就是立法者，而作为决定单个东西的人和**真正地**表现出意志的人，就是君王。……这样就可以得出一个结论：‘立法就是这些特殊的个人’。”[④] 黑格尔归纳出历史上存在过的四种国家形式：君主制、贵族制、民主制、君主立宪制，并认为前三种皆不符合理性，因而不是最好的，而只有君主立宪制是合乎理性的，因而是理想的制度。

① 《马列主义编译资料》第12编，第128—129页。

② 《马列主义编译资料》第12编，第160页。

③ 黑格尔：《法哲学原理》，第296页。

④ 《马克思恩格斯全集》第3卷，第34页。

马克思通过读书摘录，指出黑格尔关于君主立宪制和立法权的认定是唯心主义的虚构。马克思指出，君主作为与众不同的个人，并不能代表国家的统一。“一惟有作为许多的一才无条件地具有真理性”[①]。马克思站在民主主义的立场上，看到了人民群众是历史车轮的推动者，也是国家制度的创造者。

马克思还批判了黑格尔关于行政权的谬论，马克思指出，君主给予国家不同部门以特殊的职能，相当于“把国家分配给各个官僚”[②]。但是官吏们难道真的如黑格尔所说的，是国家普遍利益的代表者？事实与黑格尔的设想大相径庭，官吏们通过为官的特殊职能，利用国家权力谋取个人私利。

对于人民以及人民的作用，黑格尔是这样看待的：人民“只是一群无定形的东西。因此，他们的行动完全是自发的、无理性的、野蛮的、恐怖的。”[③] 这充分暴露了黑格尔是站在群众的对立面，公然蔑视人民的历史作用，目的是维护君主统治。黑格尔极力推崇的君主与极力蔑视的人民之间的关系，在马克思看来，二者是完全颠倒的。同时，马克思还清楚二者之间是完全对立的关系。[④]

## 二 宗教异化的根源：国家与市民社会的分离

上述探讨说明，马克思围绕着国家（上层建筑）和市民社会（经济基础）的关系，取得了理论上的突破性进展，这些探讨都是围绕着马克思的理想目标——人的自由发展的实现展开的。而国家和市民社会是人的自由发展的现实载体，所以马克思取得的一切理论进展，是以人的自由发展目标的实现，围绕着国家与市民社会的

---

① 《马克思恩格斯全集》第3卷，第36页。

② 《马克思恩格斯全集》第3卷，第66页。

③ 黑格尔：《法哲学原理》，第323页。

④ 《马克思恩格斯全集》第3卷，第38页。

关系而展开的。马克思认为，费尔巴哈对宗教异化的批判，并没有从现实存在出发，找到宗教异化的真正根源。资本主义国家的现实存在，表现为国家与市民社会的分离，这是宗教异化的真正原因。现代国家仅仅在形式上（法律）宣称，人人在国家内享有普遍的自由和平等，但是对于一无所有的人们来说，只有靠出卖劳动力，才能换得一点点可怜的工资，勉强维持温饱。他们永远摆脱不了对资本的依赖，也永远摆脱不了资本对其的残酷剥削。这才是市民社会中底层百姓的真实存在。无奈的人们只能把美好愿望和对生活的期盼，寄托于远离尘世的天国中，因此，宗教成为统治者蒙蔽人民的精神鸦片。这正是费尔巴哈批判宗教的原因。

显而易见，黑格尔亦不是从现实存在出发理解市民社会和国家的分离问题的，他将二者的分离，建立在国家作为伦理发展的最高阶段的设定上，他认为作为普遍性原则的体现者国家，理应在伦理上包含家庭和市民社会，家庭和市民社会是实现伦理理念的过渡环节，伦理精神发展到最高阶段，表现为自由在国家中的实现。

我们可以从两个方面，理解黑格尔关于市民社会和国家的分离问题。首先，市民社会的形成晚于国家，且以国家为前提。其次，市民社会的活动主体即个人和同业公会代表的是部分人的利益，往往带有任意性，需要国家机器做后盾，保证其向普遍利益过渡，即在国家中实现真正的自由。从市民社会和国家对自由的诉求的差别上，可看出二者的分离。

马克思接受了黑格尔关于国家与市民社会二分的观点，但是对二者的逻辑关系有着与黑格尔迥然有别的理解，马克思是从现实的物质利益关系出发，唯物地、历史地看待市民社会和国家的关系，自然得出市民社会决定国家的结论。结合自己研读世界政治、历史、经济等著作后的心得，按照历时性方法，马克思对市民社会和国家的关系做了简要的梳理。

针对市民社会和国家的关系，在历史上呈现的不同阶段和各自有别的社会特征，马克思将其归纳为四种社会形态：古代社会（古希腊、罗马）；中世纪的封建社会；现代社会；民主制，或称未来社会。

马克思认为，在古代社会，“人民和国家之间存在着实体性统一”[①]。这里的人民和我们今天理解的人民意义完全不同，奴隶社会中占绝大多数的奴隶主，也称自由民，被称为人民。而从事生产生活资料的奴隶是市民社会意义上的人，他们被奴隶主视为私人财产可以随意处置。人民（奴隶主）是国家政权的全权代表。从这个意义上讲，“在希腊人那里，市民社会是政治社会的奴隶”[②]。

在封建制盛行的中世纪，由于生产力水平低下，政治等级依靠政治特权以及世袭的财产制度，获得对财产的占有权，从这个意义来讲，国家和市民社会是统一的。在中世纪，从事物质生产的私人领域，都具有政治性质，也就是政治领域，政治制度是私有财产的制度。[③] 中世纪市民社会各等级具有普遍的立法效能，因此，市民社会等级在中世纪时也是立法的等级。[④]

现代社会是政治革命的产物，政治革命是由某个阶级充当普遍利益的代表者，诱导底层百姓积极参与革命，这样，整个社会的力量被激发出来，因此，推翻原有的专制统治就成为一件容易的事情。这个阶级被称为资产阶级，资产阶级在取得政权后，在法律上规定全体人民在法律面前享有平等、自由的权利，但是在市民社会中，工人阶级仍然处于被奴役的地位。从这个意义上说，政治国家和市民社会是分离的。对此，马克思做了精彩的批判，政治国家就

① 《马克思恩格斯全集》第3卷，第43页。

② 《马克思恩格斯全集》第3卷，第91页。

③ 《马克思恩格斯全集》第3卷，第42页。

④ 《马克思恩格斯全集》第3卷，第91—92页。

是国家制度，对其他领域来说，它是同人民的现实的物质性生活相对立的、作为普遍理性存在的天国。[①] 而这时的市民社会是作为私人利益存在的领域，承担着生产生活资料的任务，与政治领域是分离的。马克思继续指出：由于私人等级是市民社会的直接的、具体的等级，必然与作为普遍理性的国家等级或政治等级相对立。因此，市民社会是没有政治效能的。[②]

市民社会作为私人等级，因其与普遍利益相背离的规定，而与国家对立，因此它不是政治的等级。看来，政治国家是一个与市民社会相脱离的组织，市民社会的各个成员要想参与国家的政治活动，必须通过议会制度，即通过议院参与国家政治事务。

未来的民主制社会，是在现代社会的基础上发展起来的，现代社会的国家和市民社会的分离，其实质表现为国家是人民生活领域的异化，就如费尔巴哈所揭示的人们在思想领域的宗教异化一样。马克思指出：相对于其他领域来说，国家是作为普遍理性和彼岸之物而发展起来的。因此，“历史任务就是国家制度的回归”[③]。返回实在世界的国家是和市民社会真正统一的国家，这种统一不同于中世纪等级制基础上的统一，是人民和自己国家真正的和谐统一，这种社会制度被马克思称为民主制。在民主制中，法律是人的存在，而在其他国家形式中，人是法定的存在。[④]

从前文对市民社会概念起源的分析上，我们得知，国家和市民社会的非统一化，只是到现代社会才出现的历史现象。市民社会的真实存在，被现代国家忽略掉了，也是现代国家极力回避的事实。相对于市民社会的真实存在来说，国家通过法律的形式，对市民社

---

① 《马克思恩格斯全集》第 3 卷，第 42 页。
② 《马克思恩格斯全集》第 3 卷，第 95 页。
③ 《马克思恩格斯全集》第 3 卷，第 42 页。
④ 《马克思恩格斯全集》第 3 卷，第 40 页。

会进行规定，明显带有欺骗性和虚假性，因此国家是异化的存在。所以，宗教的异化只能是国家异化导致的，是政治国家的异化在思想领域的反映，而非费尔巴哈仅仅从认识论的角度探讨宗教的异化，费尔巴哈没有找到宗教异化的世俗基础。找到宗教的世俗基础后，对宗教的批判就转化为对国家的批判，宗教批判只能摘去锁链上虚幻的花朵，却不能打碎锁链本身。所以转向政治领域的批判，是实现真正解放的前提。正如马克思所说："人的自我异化的**神圣形象**被揭穿以后，揭露具有**非神圣形象**的自我异化，就成了为历史服务的**哲学**的迫切**任务**。于是，对天国的批判就变成对尘世的批判，**对宗教的批判**就变成对法的批判，**对神学的批判**就变成**对政治的批判**。"①

政治国家因没有反映市民社会的真实状况，造成了国家与市民社会的分离，表现为政治上的异化，在异化了的政治国家里，人的真正本质与其现实的本质是背离的。本质的异化映现在现实生活中，表现为天国的生活与尘世生活的对立：即作为社会存在物与作为相互利用的工具的对立。社会存在物是政治共同体中的存在，彼此作为相互利用的工具是人们在市民社会中的世俗存在。②

作为公民，在政治国家中，享有平等自由的法律规定，但这只是一种虚幻中的平等，在现实的生活中，人和人之间仍然是利用甚至是奴役的关系，仍然为一己私利而相互倾轧，不仅把自己作为工具，也把别人作为工具。这种人存在的世俗状况决定了政治国家的异化，这种异化进一步在意识形态中反映出来，即在宗教中反映出来，在宗教的天国中，上帝的万能是世俗生活中的人对苦难生活超脱的一种精神需要，也是统治阶级麻醉人民的鸦片。费尔巴哈批判

---

① 《马克思恩格斯文集》第1卷，第4页。

② 《马克思恩格斯全集》第3卷，第172—173页。

了宗教的异化，但他只是从感性的、自然的人出发，为宗教寻找基础，真实的、社会的世俗基础费尔巴哈是找不到的。而即使是马克思指出了现实生活中人的存在的非本质状态，但是也没有在完全的意义上揭示世俗基础的本质内涵，这有待于马克思对政治经济学的进一步研究。

### 三 人类解放：消灭政治国家和市民社会的分离

政治国家和市民社会的分离是政治解放的结果。那么，如何界定政治解放在人类历史的进程中发挥的作用呢？接下来分别就其历史功绩和局限性作简要的分析。

马克思在《论犹太人问题》中，对政治解放的积极作用和历史局限性作了辩证分析：首先指出，在现有的世界制度内，政治解放是历史的一大进步，因为人把宗教从公法领域驱逐到私法领域，国家摆脱了宗教的控制。但政治解放不是普遍的人的解放的最后形式，在实际的国家中，人作为类存在物参与共同的活动，只能在极其有限的程度上，以特殊的形式进行。宗教成为自私自利者相互斗争以实现逐利目的的精神领域。可见，政治解放并没有消灭人的实际上的宗教观念。①

政治解放直接摧毁了政教合一的封建统治模式，摆脱了宗教对国家的控制，即把“宗教从公法领域驱逐到私法领域”②。信教成为个人的事。国家摆脱了宗教的精神枷锁，宗教再也不能借上帝之名无端地愚弄和剥削百姓，教皇、教会拥有凌驾于一切之上的权力成为愚昧时代的历史。

政治解放在政治生活中，表现为封建专制统治被资产阶级统治

---

① 《马克思恩格斯文集》第 1 卷，第 32 页。

② 《马克思恩格斯文集》第 1 卷，第 32 页。

所取代，在法律上，已明确宣称人的平等自由。而不是如封建社会那样，在法律上公然把不同阶层的人确定为不同的等级，并获得相应的经济特权。

但是，政治解放的作用毕竟是有限的。其解放的不彻底性表现为政治领域的人的“自由”“平等”与市民社会中的不自由、不平等形成鲜明对比。这一鲜明的对比正如基督徒的双重角色是一样的，即平等只能在彼岸的天国实现，而在现实的尘世中是不平等的。[①] 因此，政治解放的片面性、局限性是显而易见的。马克思还对政治解放所标榜的人权、自由、平等的虚假性进行了批判：政治解放所获得的人权，实质是利己主义的权利，因为利己的个体是脱离共同体的个体，也是同其他个体分离的个体；政治解放获得的自由，是“孤立的、自我封闭的单子的自由”；自由人权的实质是占有私有财产的自由；而平等是作为孤立的单子的自由的平等。[②] 由此可见，政治解放实现的人权、自由、平等的虚假性，以及维护资产者利益的隐蔽性。

受费尔巴哈哲学观的影响，马克思认为历史发展就是人的“类”本质不断返回自身的过程，并通过解放的形式表现出来。马克思说：“**任何**解放都是使人的世界即各种关系**回归于人自身**。”[③] 马克思认为资产阶级所完成的解放仅仅是“政治解放”，而不是彻底的“人类解放”。

资本主义的私有制导致拜金主义和利己主义盛行，人成为物的奴隶，成为同自己类本质相异化的人。因此，人类解放的根本任务就是消除市民社会和国家的对立。那么，人类解放的情形是如何表现出来的呢？马克思认为，在现实的感性活动中，人实现解放呈现

---

① 《马克思恩格斯全集》第 3 卷，第 100 页。

② 《马克思恩格斯文集》第 1 卷，第 40—41 页。

③ 《马克思恩格斯文集》第 1 卷，第 46 页。

出三个特征：第一，个体在现实的活动和各种关系中，作为类存在物而存在；第二，自身是社会力量的一分子；第三，社会力量和政治力量是统一的。[①] 马克思认为，实现人类解放的最直接目标，是铲除导致人异化的财产关系。因此，真正的人类解放，依赖付诸实践的力量："物质力量只能用物质力量来摧毁；但是理论一经掌握群众，也会变成物质力量。"[②]

马克思不仅对人类解放实现的特征和实现途径做了简要的陈述，而且还对实现人类解放的阶级做了分析。这个阶级必须是：第一，它不拥有任何财产；第二，它被剥夺了一切做人的权利；第三，"它必须解放一切社会领域才能最终解放自己"[③]。

马克思认识到政治解放的历史进步性，把国家从神学的禁锢中解放出来，但是政治解放的片面性和不彻底性在现实世界中的实际表现，是人的本质的异化，个体已成为相互利用的工具，物化逻辑主宰世界，也奴役被完全物化了的人。被物化逻辑主宰下的人，受制于莫名的、实际的神的统治，人的发展的异化成为历史的必然。马克思指出：犹太教的基础本身是实际需要和利己主义。"金钱是人的劳动和人的存在的同人相异化的本质；这种异己的本质统治了人，而人则向它顶礼膜拜。"[④] 消除金钱对人的统治，即摆脱人的异化状态，成为马克思的革命目标，金钱异化概念的提出，为马克思后来思想的延伸——劳动异化概念的提出打下了基础。

马克思对政治解放直接导致人的存在的二重化，即政治世界中的"自由"与市民社会中人的利己主义，脱离整体的原子式存在的矛盾，对此的揭示为马克思的人类解放目标的提出提供了理论上的

① 《马克思恩格斯文集》第1卷，第46页。
② 《马克思恩格斯文集》第1卷，第11页。
③ 孙伯鍨、侯惠勤主编：《马克思主义哲学的历史和现状》上卷，第66页。
④ 《马克思恩格斯全集》第3卷，第194页。

铺垫。马克思还审视担当人类解放任务的阶级，对其应该具备的客观条件进行了归纳。同时还提出了金钱异化的概念，这些为马克思完成人类解放的科学论证准备了前期条件。但是人类解放目标的实现远不止以上思想的生成，需要马克思立足于资本主义的生产条件，剖析社会机体运行的内在机制，在此基础上，对资本主义社会的基本矛盾做出阐释，并找到人类解放的可行性途径。而这一目标的实现，是建立在唯物史观生成的基础上的，唯物史观生成的标志，就是马克思市民社会概念的形成。基于市民社会概念上的唯物史观，马克思找到了人类解放的科学途径。上述思想论证的最终实现，还需要马克思对政治经济学的深入探讨。

## 第四节 《1844 年经济学哲学手稿》与马克思的市民社会

### 一 马克思研究政治经济学的动力

通过《克罗茨纳赫笔记》，马克思在国家与市民社会的关系上取得了突破性进展，马克思对世界政治、历史的研究，其认清了作为政治体制的代表制的实质，也看到了人民主权与当下的阶级统治的相悖性，同时也历史地理解了所有制同阶级利益之间的制约关系。基于对国家与市民社会内在规律的洞察，马克思对黑格尔的唯心主义国家观的批判，就有了客观存在的基础。基于此上，马克思进一步指出，费尔巴哈对宗教异化的批判，不是建立在现实社会发展基础上的。马克思认为宗教异化的根源，只能从市民社会的真实存在入手，真实的情况表现为，市民社会游离于政治国家之外，这种状况导致了人的存在的二重化，即政治法律上的“自由”与市民社会中人的不自由的对立，因此，人类解放的任务仍未完成。

马克思对人类解放的理解，前文已做陈述，这里简括为，抽象的人复归于现实的人的自身，个体的一切行为成为类存在物的时候，个体共同构成社会力量，社会力量不再以政治力量同个体分离，并对承担人类解放的阶级条件给出了限定。但是这些论证也只是理论上的建构，并没有为人类的解放找到切实可行的实践之路。这有待于马克思对历史发展动力之谜的解答。需要马克思进一步研究资本主义社会的物质生产活动，在其中发现历史发展的动力之谜。这亦有待于马克思对政治经济学的研究。

由马克思和卢格合作创办的《德法年鉴》于 1844 年 2 月停刊以后，马克思改变了继续对黑格尔的法哲学和国家哲学的批判，在研究法国历史和国民经济学的基础上，决定深入研究政治经济学。这一研究成果体现在《1844 手稿》中。

我们从马克思《1844 手稿》的序言中可以看出，他转向政治经济学研究的理由有如下几点考虑：第一，思辨的批判和具体的批判混合在一起（基于对黑格尔法哲学的批判），这会增加阐述的难度；第二，两种不同批判混合在一起，也会加大读者理解文本的难度；[①] 第三，转向国民经济学研究的重要性，只有其他研究从属于经济学研究时才能涉及到。马克思还对自己经济学著作的质量向读者做出了保证："我的结论是通过完全经验的、以对国民经济学进行认真的批判研究为基础的分析得出的。"[②]

哲学是时代精神的精华，也是时代的先声，那么，德国的思想水平如何？如马克思指出的，对宗教进行批判的任务已经完成，对理论的批判，应该转向对现实社会的批判。在德国发生的西里西亚纺织工人（1844 年 6 月）起义，引起了理论界的争论，就工人起义一事，是站在起义者一方，反对当下的统治阶级的统治，还是站

---

① 《马克思恩格斯文集》第 1 卷，第 111 页。
② 《马克思恩格斯文集》第 1 卷，第 111 页。

在统治者一方，反对工人的起义。在思想界有着巨大影响的卢格公然站在资产阶级的立场上，反对工人起义，认为无产阶级无权通过革命来解放自己。而鲍威尔则企图用“乌托邦的词句”或“完全批判的批判”等一类的空话来非难实证的批判者，以掩饰自己的无知和思想上的极端贫乏。[①]

如何看待工人的起义？马克思的友人荣克在写给马克思的信中表达了急切的愿望，即形式的发展要求马克思的政治经济学和政治学著作的问世，荣克希望马克思把精力集中到这方面来，因为同宗教的斗争已经结束。荣克在信中对马克思赞扬道，说到政治和政治经济学，在这方面还根本缺少一个确定的支点。您现在应该成为大家期望的那种人物。“以您的卓越的文采和高度明确的论证，您在这方面一定会获得而且实际上也正在获得成就并成为一等星。”[②]

荣克所希望的支点，是马克思关于异化劳动概念的制定。这一概念是批判资产阶级国民经济学研究者极其有力的支柱。

资产阶级国民经济学研究者站在资产阶级的立场上，美化资本主义经济的自由原则，如劳动力的自由买卖、贸易的自由、竞争的自由等，并将自由原则神圣化、永恒化，从而美化资本主义制度。但是，资产阶级国民经济学者们对工人阶级的贫困和非人化的处境却熟视无睹。他们在理论上漠视生产的有害，如同在实践中漠视无产者的疾苦一样，在他们看来，贫困只不过是每一次分娩时的阵痛，“他们自命高尚，蔑视那些用劳动创造财富的活人机器”[③]。资产阶级国民经济学者站在资产阶级的立场上，关注的是本阶级财富

① 《马克思恩格斯全集》第42卷，第45—46页。

② ［法］奥古斯特·科尔纽：《荣克给马克思的信》（1845年2月24日），《马克思恩格斯传》第2卷，生活·读书·新知三联书店1965年版，第130页注3。

③ 《马克思恩格斯文集》第1卷，第615页。

的增长，漠视无产阶级的生存状态，更不会关注无产阶级未来的前途和命运。资产阶级国民经济学者进行的研究，并不是为了揭示工人贫困的根源，这种现状促使马克思转向对政治经济学的研究。

## 二　《国民经济学批判大纲》的启发

首先，在《国民经济学批判大纲》中，恩格斯批判了在资本主义社会中研究政治经济学的文人的丑恶嘴脸：商业的扩展催生了国民经济学，随着它的出现，欺诈的体系取代了简单的生意经。在商人的嫉妒和贪婪中产生的国民经济学，被打上自私自利的烙印。[①]商业的实践使商人明白：放置不动的资本是死的，而只有让资本流动起来才能使它在量上增加。[②] 资本的这一运行规则驱动重商主义者，进行了“血腥恐怖”的商业远征。通过贸易差额，即输出和输入的差额，如果输出大于输入即所谓的顺差，也就是获取了利润。

政治经济学的革命，是由 18 世纪的资产阶级革命引发的，但是，政治经济学的革命，并没有消除现实生活中的各种对立，其原因在于，经济学从没有对私有制的合理性问题有过任何怀疑。在不怀疑私有制这一前提下，去研究资本主义经济运行规律，难免会陷入矛盾之中，此时，经济学不得不借助于诡辩和伪善，来掩盖其陷入矛盾的窘况。[③]

针对上述情况，恩格斯继续揭露道，以亚当·斯密的“原富”为基础的自由贸易学说，即新的政治经济学也同样是伪善和不道德的。这是因为自由贸易经济学只适用于资本主义发展的初期阶段，限制小的垄断，但是随着资本主义财富的急剧增长，这种自由贸易经济学就失去了意义。私有制的肆意扩张，虽然客观上在世界范围

---

① 《马克思恩格斯文集》第 1 卷，第 56 页。

② 《马克思恩格斯文集》第 1 卷，第 56 页。

③ 《马克思恩格斯文集》第 1 卷，第 57 页。

内传播了文明，但是其真正目的，是对世界各地的资源进行掠夺和对当地劳动力进行残酷剥削。

对伪善的自由主义政治经济学家，恩格斯进行了严厉的批判：你们什么时候做事情是从纯粹的人道出发，真正消除了普遍利益和个人利益之间的对立？你们什么时候讲过道德，而不图谋私利的呢?[①] 恩格斯在揭露资产阶级政治经济学的虚伪和不道德的同时，也认清了这个学说的致命缺陷——以私有制为基础，并且意识到对私有制进行批判的必要性。阶级立场决定一个人的所思与所言，那么资产阶级的经济学者们的一切言说，必定是为维护本阶级利益进行辩护的，私有制的合理性问题自然不在他们的思考范围之列。不仅如此，他们还心存幻想，以为资本主义制度是永恒的制度，并将永世长存。这种幻想的荒谬性，受到恩格斯的批判：资产阶级经济学家的利己论辩，只是人类普遍进步过程中的一个环节。恩格斯对资产阶级经济学伪善的揭露，直接启发了马克思，这从《1844 手稿》中对资产阶级国民经济学反对工人阶级立场的批判上可以看出来。

恩格斯对资产阶级国民经济学伪善的揭露，旨在批判他们对私有制弊端的视而不见，启发了马克思立足于资本主义生产的事实，客观地分析其经济运行的状况，并对资本主义生产的弊端进行了客观分析，因此，创立科学的政治经济学，成为马克思当下的迫切任务。在《1844 手稿》中，马克思从对各种具体的经济范畴的客观分析入手，展开对国民经济学家们虚伪面孔的批判。马克思指出，国民经济学虽然从私有财产的事实出发。但对私有财产的来源问题不做探究。而只是将资本主义生产、分工、交换等过程，放进抽象的公式中，把抽象的公式视作资本主义经济运行的规律。根本没有从资本主义的前提——私有财产出发，说明上述规律的内在逻辑。

---

① 《马克思恩格斯文集》第 1 卷，第 62 页。

所以，国民经济学是根本理解不了这些抽象规律的。

运用一般的抽象公式说明资本主义私有财产的生产过程，是为了掩盖资本主义剥削的事实。这暴露了国民经济学家论述方法上的矛盾：国民经济学家只有在虚构的状态下，才能去说明问题，事实上，虚构状态下的人，是说明不了任何问题的。经济学家把应当论证的东西，假定为一种具有历史形式的事实。① 马克思承启了恩格斯，对资产阶级国民经济学家反动的阶级立场进行了批判，并指出资产阶级学者研究国民经济学在方法论上的错误，借此进一步地深化对私有制问题的探讨和对资本主义客观经济事实的分析。在此基础上，马克思指出了资本主义经济运行的内在矛盾，为无产阶级的解放（人类解放）找到了科学的途径。

其次，在《国民经济学批判大纲》中，恩格斯还对资本主义的另一重要经济现象即竞争进行了剖析，恩格斯指出，私有制必然导致竞争的出现，竞争是经济学家研究的主要范畴。竞争不仅表现为劳动者和生产资料的相互分离，而且导致不同个体处于“粗鄙的独特状态中”，因供求的不平衡而导致的周期性的经济危机的爆发。恩格斯还对上述两种表现做了必要的分析。

恩格斯认为生产劳动同生产资料的分离，导致了私有制的产生。生产资料同生产活动的分离由最初的土地和人的分离，进一步发展为资本和工人的对立。在私有制下，资本和土地所有者作为占有生产资料的资本家和地主，同劳动者之间的对立乃至敌对状态，是有产者和无产者之间的矛盾，资本和土地之间的敌对，是资本家和地主有产者之间的矛盾。资本、土地、劳动三者之间相互敌对，必然使各自的所有者分裂为孤立的个体。“私有制把每一个人隔离在他自己的粗陋的孤立状态中”，因为“每个人和他周围的人有同

① 《马克思恩格斯全集》第 3 卷，第 267 页。

样的利益”[①]。

虽然恩格斯生活的时代，处于资本主义自由发展的时代，在一定程度上讲，属于资本主义发展的上升时期，但是，恩格斯从资本主义经济发展的事实中，直观到资本主义经济运行的内在矛盾：资本家盲目扩大再生产的后果，是资本主义经济危机的间断、周期性爆发。经济危机给工人带来的是比瘟疫更可怕的悲惨生活。而且这种周期性的经济危机的破坏强度只能是越来越大，这完全是弱肉强食的竞争规律导致的一系列恶性循环，而竞争是在资本主义私有制下进行的。针对竞争导致的社会收入极端分化，恩格斯批判道：“中间阶级必然越来越多地消失，直到世界分裂为百万富翁和穷光蛋、大土地占有者和贫穷的短工为止。”[②] 盲目竞争势必会引起一场社会革命。因此，彻底改造社会关系，消灭私有制，是恩格斯从资本主义竞争规律中得出的革命结论。

马克思在《1844 手稿》中，进一步阐发了恩格斯关于竞争的现象及其引发的后果，体现在马克思对于“资本的积累和资本家之间的竞争”的探讨上，马克思指出竞争导致小资本破产，竞争使人变得冷漠，竞争导致生产过剩等，这和恩格斯关于竞争的理解是相通的。两位革命导师不约而同得出一致的结论：竞争必然导致两大对立阶级的产生，对立一旦达到极端，就必然爆发革命。

在《国民经济学批判大纲》中，恩格斯还阐述了竞争对人性的消极影响：每个人都力图使自己能碰上最有利的时机，这个时机到来时再进行买卖，这种企图不劳而获的投机心理，使他们做着算计别人、巴望他人倒霉，自己能碰上好运去发财的美梦。这是极端阴暗、畸形的心理。这种投机把历史和人类贬低为满足投机者贪欲的

---

① 《马克思恩格斯文集》第 1 卷，第 72 页。

② 《马克思恩格斯文集》第 1 卷，第 83—84 页。

手段。[①] 同时，被卷入竞争斗争中的投机者，只有全力以赴，甚至不择手段，完全抛弃作为真正人的目的，才能在这种畸形的斗争中存活下来。恩格斯看到了资本专业生产导致的荒诞，一边是资本家的巨额财富的增长，一边是贫困的工人因无力购买生活资料被活活饿死的惨象。恩格斯指出，社会运转呈现的病态阻挡不了自由竞争的发展，生产力的发展建立在两极对立的前提下，具体表现为以下的对立：土地的精耕细作与荒芜并存，资本的高速度运转和闲置并存，工人的超负荷劳作和无事可做并存。这种对立导致了繁荣与萧条的并存，财富过多与饥饿并存。

对于资本主义社会的荒诞现象，恩格斯不仅仅给予辛辣的批判，同时认识到这只是人类社会发展暂时的状态。恩格斯从科技迅猛发展的态势上，看出生产力发展的巨大前景，如果将生产力的巨大潜能，运用到造福人类的事业上来，人类的劳动强度就会降到最低限度。[②] 恩格斯预见到，通过建立合理的制度，即适合人类本性发展的制度，就能避免出现弱肉强食的竞争及其带来的吞并，建立在合理消费基础上的生产力必然呈现良性发展的趋势。这也是消灭经济危机的合理途径。这样就可以避免生产的盲目性，在计划的指导下进行生产，从而避免因生产的盲目性带来的生产过剩。

恩格斯对资本主义生产的荒诞现象进行的分析及其对未来社会发展的预设，为马克思在《1844 手稿》中哲学思想的发挥，提供了有力的史实依据。尤其是为《1844 手稿》中劳动异化思想的呈现做了重要的理论铺垫。

### 三　《1844 手稿》中劳动异化思想的溯源

《1844 手稿》中重要哲学思想，表现在马克思对劳动异化的分

① 《马克思恩格斯文集》第 1 卷，第 75 页。
② 《马克思恩格斯文集》第 1 卷，第 77 页。

析上。异化思想早已有之，经过黑格尔系统化的理论建构之后，异化概念在唯心主义体系之下表现出了自身的特点。黑格尔哲学的实质可简要概括为：绝对理念（精神）外化为自然或社会，又复归于精神，他的整个哲学体系就是基于这样的一条哲学信条而展开的。绝对精神以自身为媒介，通过发展，异化或者说外化为自己的对立面即自然或社会，取得了客观的形式，黑格尔认为客观精神的异化或者说外化实质上就是精神的创造活动。对此，马克思批判说，异化的创造性质就是黑格尔思辨哲学的秘密。这种秘密在于一般观念是从具体的现实事物中得出的。一般观念是本质，是能动的，表现在对于千差万别的事物的联结上。而各种具体事物则被认为是被动的、僵死的，需依赖于一般观念。[①]

绝对精神异化为（外化）自然和社会并不是最终目的，自然和社会只是精神发展过程的一个阶段，在自然和社会这些作为实体存在的栖身地中，精神感到的是不自由的状态，只有从异化的客体形式返回自身，精神方能达到自由的状态。因此，黑格尔鄙视感性的客观世界。但是感性的客观世界又是绝对理念实现自由必须经历的环节，绝对精神要发展自身，必须不断地把自身外化，不断地设置对立面，但是作为对立面的感性世界，不可能永远地安置精神，所以绝对精神只有返回自身，和自己结合起来。

在唯心主义异化思想的框架内，黑格尔认识到了劳动的重要性。黑格尔认为劳动是人的自我确证的本质。这种本质以外化的能动性表现出来。人和自然之间通过劳动联结起来，人通过自身的能动性，生产出劳动产品，人的本质力量在产品中外化出来。黑格尔认为，在资本主义社会中，作为个体的劳动并不只是满足自己的特殊需要，而要满足整个社会的整体需要，这是现代商品生产和专业

① 冯景源：《马克思异化理论研究》，中国人民大学出版社1987年版，第11页。

化的分工所致。我为别人提供产品和服务的同时，也在享受别人为我提供的产品和服务，当然，这是在遵循等价交换原则前提下进行的。黑格尔在看到劳动社会化的同时，也在某种程度上看到了劳动的异化。财富作为劳动的产物，在资本主义的条件下，出现了大财富吸引和吞并小财富的景象，这实际上就是资本主义条件下竞争导致的贫富差距。

黑格尔《现象学》的一大收获是确定了，作为推动原则和创造原则的否定性，是辩证法的基本精神。黑格尔把人的自我产生看作一个过程，即在劳动过程中的对象化或者外化，劳动是人的本质的确证，可见，“他抓住了**劳动**的本质，把对象性的人、现实的因而是真正的人理解为人**自己的劳动**的结果”①。

黑格尔把现实的真正的人看作自己劳动的结果，把人的发展置于动态的过程中，这是其进步的地方，但是一旦回到黑格尔思辨唯心主义的体系中时，马克思就发现了黑格尔关于劳动的理解同样是为服务于其思辨的理性而建构的。

马克思指出：黑格尔唯一认可的劳动是抽象的精神的劳动。黑格尔哲学整个体系的建构是围绕绝对精神的思辨运动而展开的，从精神开始，通过一系列对立面的环节外化，正如劳动也是精神外化自身的表现，最后又须回归到精神。虽然黑格尔关于劳动的辩证理解，对于马克思的哲学思想有很大的启迪。但是对其唯心主义的本质，马克思是坚决摒弃的。马克思指出，《哲学全书》是哲学精神对象化、外化的展开的本质，而哲学精神不过是以异化的、抽象的方式来理解自身的世界精神。②

黑格尔是如何理解感性劳动的呢？在黑格尔看来：人的本质＝

---

① 《马克思恩格斯文集》第1卷，第205页。

② 《马克思恩格斯文集》第1卷，第202页。

自我意识。那么，人的本质的异化就是自我意识的异化。[①] 这样，黑格尔把人的本质和人的劳动均唯心主义化了。黑格尔认为劳动是根据人的需要和欲望而进行的创造对象的活动，劳动的前提是理性的产物，是目的性的活动。黑格尔还把劳动的创造物称作“精神的样式”，是理性实现自身的手段。黑格尔认为：“归根到底，理性只能存在于它的劳动中；它只有在自己的产品中才得以存在。”[②]

黑格尔把现实中人的各种不同活动，都视作自我意识的不同表现形式，要解决人在现实中的矛盾冲突也只有回到“纯思维的以太”中，在思辨的逻辑体系中寻求解决的途径。黑格尔关于劳动的辩证理解是积极的，但只要回到其唯心主义的体系中，辩证的积极理解就失去了革命的意义，阶级的局限性就暴露出来了。例如，黑格尔在阐述劳动的产物——财富时，认识到大财富对小财富的吞并而产生两极分化的时候，抬出国家作为控制两极分化的工具，通过国家的作用，缓和社会矛盾，这些思想都是在无视国家的阶级性质的情况下想象中的解决方案，这也迎合了资产阶级的想法。马克思认识到了黑格尔异化理论的唯心主义性质，并立足于市民社会，对两大对立阶级经济对立的现实状况，做出了唯物的解读，其实质是经济上的异化在现实中的表现。

费尔巴哈关于人的本质异化的思想，影响了早期的马克思的理论建构，在《1844 手稿》中关于劳动异化及人本主义的思想就是例证。费尔巴哈用自然的感性的人，取代黑格尔的绝对精神或自我意识的人，自然的感性的人和能思维的大脑，都是自然界长期进化的产物，思维的对象也是感性的存在，因此，自然的感性的人是有限的存在，其思维的产物，也应以感性的人的有限存在为基础，而

① 《马克思恩格斯文集》第 1 卷，第 207 页。

② 转引自冯景源《马克思异化理论研究》，第 16 页。

宗教把人的思维的产物——上帝视作无限的并能凌驾于人之上的神秘的东西，这是宗教的异化，也是人的本质的异化。

费尔巴哈也天真地把异化安置在人的意识领域，认为人的现实生活领域不会有异化的发生。人和人在现实生活中的和谐友爱可以通过建立爱的宗教来实现，这只不过是费尔巴哈主观上的幻想而已。

虽然费尔巴哈把自我意识的人，落实为自然的感性的人，把唯物主义的因素引入对于哲学问题的探讨，是历史的进步，但是费尔巴哈认为的自然的感性的人，在现实的历史面前，在人的社会关系中，已失去其历史的价值。

费尔巴哈认为的宗教异化，是人的本质异化的结果，人的本质表现为人的类意识。费尔巴哈认为，只有将自己的类和本质当作对象的生物，才有意识[①]。把类和本质当作对象，意味着抽象思维能力的实现，毫无疑问，动物没有这个能力，所以动物没有真正的意识。对类的意识就是科学。在科学中，人不仅把自己的类、本质当作对象，还能够把别的生物和实体当作对象，认识其各自的本质特性。

费尔巴哈是这样理解人的类特性的，它是理性、意志、心的合一。只有同时具备思维力、意志力和心力三种能力的人，才是一个完善的人。而思维力是认识之光，意志力是品性之能量，心力是爱。[②] 费尔巴哈对人的思维力、意志力和心力的强调和费尔巴哈对于人的感性禀性的青睐并不矛盾。对于精神与肉体的、感性的人之间的联系，费尔巴哈也做了阐述，目的是反对宗教关于神创造精神的谬论。费尔巴哈对此的论证很简单，精神只有依赖于感官、头

---

① 邢贲思:《费尔巴哈的人本主义》，人民出版社 1981 年版，第 159 页。

② 《费尔巴哈哲学著作选集》下卷，第 27—28 页。

脑、肉体上的一般器官才能存在，是肉体的、头脑的活动。精神与人的肉体器官分不开。精神是自然的本质，而非神的本质。[①]

关于个体与类的区分，费尔巴哈认为是有限性和无限性的区分，而个体是类的一分子。类的无限性，体现在类思维的无限性上，类思维可以把感情作为对象，把良心作为对象，还可以把意识作为对象。[②] 如果作为思维意识的对象，这种无限的对象化类本质可能演变为独立的精神实体，这就是宗教的来源。

费尔巴哈的类意识的另一特点表现为，人不仅把人的类本质对象化，而且把对象化的或客观的东西人化。类意识是通过认识外部世界确立起来的，对对象规律的揭示，就是人的本质的确证，在对象中可以直观到客观的、本质的我。而对象既指精神的对象，也指感性的对象。费尔巴哈的类的特殊功能就是赋予对象世界以人性，使其人格化。

费尔巴哈继续强调：对个体的一视同仁就是类。这里费尔巴哈认为类就是以人的全体作为对象的一个抽象概念。费尔巴哈尽管强调类的全体性有别于动物的个体性，但是在费尔巴哈的视线内，人的类与人的社会性、历史性无任何关系。因此，马克思说，这种“类”是一种“内在的、无声的、把许多个人**自然地**联系起来的普遍性”[③]。

类是人对自身以及对外部世界本质规律的揭示，所以类意识是整体性意识。人和人之间的相互联系就是建立在类的基础上的，在类意识中，个体不仅看到自己的存在，也能看到他人的存在。费尔巴哈主张人性是善的。社会上出现做坏事的情况，不是因为人的本质不好，只是由于人的类本质没有得到实现。人的类本质内在地包

① 《费尔巴哈哲学著作选集》下卷，第656—657页。
② 《费尔巴哈哲学著作选集》下卷，第32页。
③ 《马克思恩格斯文集》第1卷，第501页。

含理智、爱、意志等内容，要实现人的类本质，只有批判导致人性异化的宗教，使人的类本质和当下的存在相一致，实现爱的标准。爱是作为主观存在的真理的标准，也是作为客观存在现实的标准。离开爱，真理就不存在。人的存在亦是建立在爱的基础上的。爱与人的存在是正向关系，一个人爱的越多，则存在感越强；一个人存在感越强，则爱的越多。①

费尔巴哈认为，人的类本质的异化导致宗教的异化。对费尔巴哈的类概念进行解析，不仅仅是为了理解费尔巴哈的异化思想，更为重要的是其关于人的类本质的思想被马克思批判地吸收，马克思的类概念被赋予了不同于费尔巴哈的纯生物学意义上的内涵，与人的实践活动、社会关系联系起来，但是我们不得不承认，在马克思的市民社会概念生成之前，马克思关于人的类本质的设定与人的现实生存状况的矛盾，仍然带有费尔巴哈的理想化的痕迹。

与马克思的劳动异化（经济异化）直接相关的思想，涉及莫泽斯·赫斯的《论金钱的本质》，有学者认为该作体现了一种经济异化的思想。该文表达一种观念：大家都是吸血鬼，这一点不必隐晦。人们为了生存，必须靠劳动挣得货币，货币是人们为了交换各自的产品而发明的符号。莫泽斯·赫斯认为，人们之所以没有联合起来，是因为金钱的存在，而能联合起来的社会就是共产主义社会。在共产主义社会里，人们不需要金钱，但获得了自由的本性。莫泽斯·赫斯在以后写的《赫斯有关他和卢格争端的手稿》中写道："我们的这个论点是：实践世界中的金钱在本质上就是理论世界中的那个神，就是'在天主教中'以彼岸的方式化身为硬币，而'在新教中'以纸币的形式遭到破门之罪的那种社

① 《费尔巴哈哲学著作选集》上卷，第169页。

会价值的观念。”[①] 莫泽斯·赫斯继续说道，黄金成为上帝登上王位的庙宇，人世间的一切都可以出卖，甚至天上的亮光也可以交易。

虽然莫泽斯·赫斯指出了金钱成为现实社会中的神，但这也只是类似于一种文学作品似的对现实的指控，作为德国小资产阶级“真正的社会主义”重要代表人物之一，他没有把理想付诸实践的革命勇气，被马克思称作“海绵”，讥讽其易受各种思潮的影响，搞折中主义，肤浅地了解新唯物主义的特点。因此，他的《论金钱的本质》是肤浅地综合雪莱的长诗《麦布女王》和费尔巴哈的人本主义哲学思想的产物。

## 四 《1844 手稿》与马克思的市民社会

《1844 手稿》包括序言和［笔记本Ⅰ］、［笔记本Ⅱ］、［笔记本Ⅲ］及附录。马克思对资本主义经济范畴及其蕴含的哲学思维的揭示，主要体现在 3 个笔记本中。在［笔记本Ⅰ］中，通过对工资、资本的利润、地租本质进行揭示的基础上，进一步探讨异化劳动和私有财产之间的关系。［笔记本Ⅱ］［私有财产的关系］，既指作为劳动的私有财产的关系，又指作为资本的私有财产的关系。资本主义的生产就是建立在劳动与资本对立的基础上的，而当这种对立达到极端时，就必然导致整个社会关系的崩溃。［笔记本Ⅲ］共计论述四个问题，首先论述了私有财产和劳动、私有财产和共产主义，在此基础上，展开对黑格尔的辩证法和整个哲学的批判，最后论述了私有财产和需要。

从资本主义主要经济范畴工资、利润、地租运行的规律中，我

---

① ［法］奥古斯特·科尔纽：《马克思恩格斯传》第 1 卷，生活·读书·新知三联书店 1980 年版，第 624 页注 205。

们直观到资本主义生产一以贯之地存在着一对矛盾，即劳动和资本之间的矛盾。这是资本主义经济基础（私有制）的本质体现，当时的马克思还没有形成经济基础这一概念，因此，全文以私有财产为核心概念，从不同的视角揭示了资本主义生产方式下，人的生存的异化及消除异化的前景展望。而这些论述为市民社会的生成和马克思的理想目标的实现积累了必要的依据。对此，本书将展开逐一分析。

（一）劳动异化与市民社会

劳动与资本对立的后果表现为：工人在生产中越卖命，制造出来的产品成为反对工人的力量就越大，工人就越贫穷。因此，劳动的对象化表现为对象的丧失和被对象奴役。[①]

劳动的异化首先表现为工人的劳动成果与自己的劳动相分离，这样，劳动过程对于工人来说，是被迫的、强制性的、异己的存在。工人在被迫的劳动中，他的劳动连同他本人，均属于资本家。[②]

人的类本质同人相异化。虽然工人的劳动产品、劳动过程同工人相异化，但是，工人为了维持自身及家人的生存，不得不被迫接受强制性的劳动。这时候的劳动，只是维持肉体生存的手段。而真正意义上的劳动，应该是自由自觉的活动，人不仅把自身当作意识的对象，还把他物作为意识的对象，因此，人的活动是不同于动物的生命活动，是实现类本质的自由自觉的活动。但是在资本主义社会里，工人的劳动演变为动物式本能的活动，这同人的自由自觉的类生命活动相异化，即人的类本质同人相异化。

人同人相异化。“人同自己的劳动产品、自己的生命活动、自己的类本质相异化的直接结果就是**人同人相异化**。”[③] 对资本主义条

① 马克思：《1844 年经济学哲学手稿》，人民出版社 2000 年第 3 版，第 52 页。

② 马克思：《1844 年经济学哲学手稿》，第 55 页。

③ 马克思：《1844 年经济学哲学手稿》，第 59 页。

件下工人劳动异化的揭示，是对资本主义条件下主要物质生产活动样态的分析，这种生产活动（感性活动）承载着生产力和生产关系的矛盾运动。资本主义社会生产资料私人占有制，使得资本主义生产关系和生产力之间的矛盾，通过工人劳动异化的形式展现出来。为了便于读者更好地理解异化劳动，马克思用对象化的劳动与异化劳动的对比，来反衬异化劳动对工人的摧残，另外，两种劳动的对比，也形象地揭示了资本主义的生产力与生产关系之间的对立。对象化的劳动，是从普适的意义上理解的劳动，泛指人类改造自然的劳动。对象化劳动是人的类本质实现的基本途径。对于对象化劳动及建立其上的类存在物的活动，马克思又选择了动物的活动作为参照的对象，来说明类存在物的对象化劳动，对此，马克思做了具体的分析。

首先，马克思指出，人和动物的显著区别表现为人是类存在物。衡量类存在物的标志，是主体能否将自己的生命活动当作自己的意识对象，把自己的意识活动与自身的生存活动区分开来，人作为理性动物，是可以实现上述区分的，但动物不能，动物同其自身的生命活动是直接同一的。正是由于人可以将各种活动（生命活动是其中一种）当作自己的意识对象，决定了人的活动是自由的活动。

其次，人通过对象性的活动来证明人是有意识的存在物。对象性的活动表现为人类能动地改造自然界的有目的的活动。人类可以按照各种尺度来生产，既可以按照自身的内在尺度来生产，也可以按照人以外的各种尺度来生产，而动物只能按照自身所属物种的尺度来生产。动物的生产是片面的，人的生产是全面的。

最后，对象性的劳动是人的类意识外化，这种外化不仅表现在对象性的劳动过程中，还表现在劳动的结果中——作品和现实。因此，“劳动的对象是**人的类生活的对象化**：人不仅像在意识中那样在精神上使自己二重化，而且能动地、现实地使自己二重化，从而在他所创造的世界中直观自身。”[①]

资本主义的私有制，完全颠倒了人的类本质所表现的人的自由自觉的活动。被颠倒了的类本质的活动体现为，本该作为自由自觉的类的劳动，已蜕变为维持自身生命活动的手段，相反，作为维持生命的吃穿活动，本该是动物的机能，但工人只有在这个时候，才感觉自己在自由活动。而在运用人的机能（劳动）时，感受到的是动物的体验。[②] 异化劳动夺去了工人的生产对象，也就夺去了他的类生活，把人对动物的优点变成了缺点。[③]

对于对象性的劳动与异化劳动的对比，马克思在“私有财产和共产主义”这一部分也展开了相近的分析，对此，待后面展开分析。

马克思虽然揭示了资本主义条件下工人劳动异化的事实，但对于劳动异化产生的原因，马克思还无从破解。没有生成市民社会（生产关系）的清晰概念。因此，马克思在《1844 手稿》中只是用了私有财产的概念，来表述与其相伴随的工人生存的异化状态。那么，通过对私有财产的扬弃，就可以实现人的自由自觉的活动。虽然这是实现人的自由自觉活动的正确理论方向。但是这距离消除异化的革命实践还存在差距。而差距的消除，依赖于马克思的市民社会概念的生成。

马克思对劳动异化的揭示，是其思想推进过程中的一个重要环节，早在《德法年鉴》时期，马克思已经形成了政治异化决定宗教异化的判断，而在《1844 手稿》中，马克思看到了资本主义生活

---

① 马克思：《1844 年经济学哲学手稿》，第 58 页。

② 马克思：《1844 年经济学哲学手稿》，第 55 页。

③ 马克思：《1844 年经济学哲学手稿》，第 58 页。

中独特的经济现象——劳动的异化，关于异化，虽然马克思未给出一条明晰的逻辑脉络，即经济的异化导致了政治的异化，政治的异化带来了宗教的异化。但我们从马克思思想进展的逻辑中，自然会得出这样的递进关系。政治的异化在现实社会中的表现，反映在政治国家与市民社会的分离上，马克思以此得出，国家决定市民社会的结论。但市民社会为何成为决定政治国家的力量了呢？在《1844手稿》中，马克思看到了经济的异化（劳动的异化）与私有财产的关系，并得出通过否定私有财产，就可以获得人类的解放。即便马克思得出人类解放的结论，但还是没有科学地揭示经济异化的根源，因此，也不能科学地解释市民社会成为决定政治国家力量的原因。但是，马克思对劳动异化的详细分析，说明马克思已看到了资本主义条件下，生产力和生产关系的矛盾运动给资本主义社会带来的不可调和的阶级矛盾的对抗。

### （二）私有财产与市民社会

马克思从多个角度阐述了私有财产这一资本主义特有的经济现象，就私有财产和异化劳动的关系来看，私有财产是异化劳动的产物；从不同类别的私有财产的作用着手揭示了私有财产的本质。私有财产按其作用的差别，大体分为两类，即作为资本的私有财产和作为劳动的私有财产，这里不难看出，能实现资本增值的，只能是作为劳动的私有财产，它是私有财产增长的秘密和源泉所在。马克思认为：工人一无所有的不幸，决定他们成为贫困的、活的资本，只要活的资本一刻不劳动，便失去自己的生存条件。[①]

即便资本家把工人当作商品，当作活的资本，从工人身上榨取剩余价值，但工人的一无所有，决定了工人还必须挣得这个作为活

① 马克思：《1844年经济学哲学手稿》，第65页。

资本的机会，否则，就会失去挣工资糊口的机会，沦落到被饿死的境地。马克思继续揭露了作为出卖劳动力商品的工人在劳动中的异化表现，他认为，工人劳动的异化是全方位的异化，对自己、对他人、对自然界、对自己的意识和生命来说，完全是异己的活动的生产，是人的抽象存在，是现实的非存在。[①]

对作为资本的私有财产，既可以指作为活劳动的资本，也可指作为物的资本；从资本是否流动的性质分，既可指作为不动产的土地，也可指作为动产的工业资本。就后一种区分的标准看，存在两种资本所有者，即拥有地产的资本家和拥有动产的工业资本家，两种资本家在争夺利润的过程中，展开了激烈的斗争，动产资本家列举动产给人类社会发展带来的积极影响，首先动产给予人以政治上的自由，使市民社会的发展摆脱了束缚，促进各个领域间的相互联系；其次，博爱的商业使人的道德、文化教养得到提升，粗陋的需要被文明的需要取代。而不动产的土地所有者对资本的积累和国民收入的增长只会起到阻碍作用。[②]

从地产资本和动产资本的对立中，我们不难看出，在资本主义发展的初期，工业资本的发展，受到封建土地所有制的束缚，这是新生事物发展初期必然遭遇到的反抗，已沦为落后事物的地产，是暗含地域局限和政治企图的资本，还没有剪断同周围世界的纠结而回到自身的资本，但是随着资本主义的进一步发展，这种未完成的资本会实现其抽象的纯粹的形式。

马克思从私有财产的关系入手，阐述了作为一种特殊的财产即作为活劳动的资本，表现为工人在劳动中创造财产的过程，劳动的主体沦为抽象的存在，仅仅是资本家赚钱的机器。马克思再次揭示

---

① 马克思：《1844 年经济学哲学手稿》，第 67 页。
② 马克思：《1844 年经济学哲学手稿》，第 71 页。

了资本主义条件下，一种潜在的对立——异化劳动和私有财产的对立，以直白的方式呈现出来，即以工人和资本家的对立呈现出来。对立导致劳动的异化，又带来了工人的现实的非存在。工人为何沦为活的资本？因为工人一无所有，马克思此时还不能用生产关系来解释工人和资本家的对立，原因在于马克思还没有形成新的市民社会概念，把市民社会置于社会的有机链条中，在科学的意义上，得出市民社会决定政治国家的结论。在资本主义条件下，资本家占有生产资料，决定国家必定为占有生产资料的阶级即资产阶级服务。

土地资本和动产资本之间的争斗，表明了动产资本将以其自身的“优越性”，战胜土地资本是资本发展的历史必然，动产资本在利润的驱动下，以竞争为原则，以利润最大化为目标，以势不可当的趋势向世界范围进军。资本的强势劲头与工人的贫困形成对比，两大对立阶级不可调和的矛盾，为马克思进行的共产主义社会设想，提供了逻辑上的支持。这也为马克思理解市民社会性质决定国家的性质提供了依据。

(三) 扬弃了私有财产的共产主义与市民社会

在手稿中，马克思以专门的标题“私有财产与共产主义”探讨了两种社会形态下，人的感性活动的发展呈现的巨大差异，分别用异化的劳动和人的类本质得到充分实现的感性活动，来称谓两种社会形态中人的生存状态的差别。

私有财产不仅仅被理解为静态的资本，马克思尤其强调了私有财产的主体性质，即作为活劳动的资本，也就是工人的异化劳动，对私有财产的扬弃，就是对异化劳动的扬弃。因为只有作为财产的活劳动的存在，才有私有财产的无止境增长，才会有无产和有产的对立。无产和有产真正的对立是劳动和资本的对立。

私有财产是异化劳动的产物，是异化了的人的生命的表现。生产和消费，作为私有财产运动的两个环节，是目前人类全部生产运动的感性展现，就是说，是人的实现或人的现实。[①] 家庭、国家、宗教、艺术等作为社会组织或意识形式，只不过是生产的特殊形式，其发展也受生产的普遍规律的制约。这里，马克思意识到国家作为政治的最高代表，在根本上受生产的制约，生产不仅对国家起到决定作用，也在根本上决定了道德、法律、艺术等意识形式的发展。但是这些思想只是在对异化劳动（私有财产）的批判中闪现的零星火花，马克思此时对市民社会的理解还是模糊的，没有将其放在社会结构的有机构成中，作为经济基础这一含义来理解。因此，马克思对私有财产没有在唯物史观的意义上进行彻底的批判。

马克思从多个角度展开对异化劳动的批判，如从物质性特征和现实性特征两方面，揭示了异化劳动感性的直观存在。从物化特征来说，劳动异化是有别于宗教异化的经济异化，宗教异化属于意识领域的存在，而经济异化存在于现实生活中，不仅体现在生产中，导致了人的类生活的丧失，还进一步地通过工人的消费体现出来，工人面对对象，只有“它被我们直接占有，被我们吃、喝、穿、住等等的时候，……才是我们的”[②]。

异化劳动的物质的现实的特征，还通过对象性的活动展现出来，对象性的活动虽然以异化的形式展现出来，但是，这种异化的感性活动是人类自身发展的历史展现，是对人类本质力量的见证。马克思说：工业的历史和工业生成的对象性存在，“是一本打开了的关于人的本质力量的书”[③]。

对于对象性的活动——工业，我们只是从它的外在的有用性上来理解，而没有将它与人的自由的实现联系起来。因为受限于异化活动范围内，人们的认知亦发生了扭曲，误把普遍的、抽象的、本

① 马克思：《1844 年经济学哲学手稿》，第 82 页。

② 马克思：《1844 年经济学哲学手稿》，第 85 页。

③ 马克思：《1844 年经济学哲学手稿》，第 88 页。

质的活动看作人的类活动，抽象的本质的活动往往指宗教、政治、艺术等。而工业活动的真实情况如何呢？现实的工业活动呈现给我们的是对象化的本质力量，是感性的、异己的、有用的对象形式。由此，工业发展的历史，就是人的本质力量异化的历史，“是感性地摆在我们面前的人的**心理学**”[①]。

自然科学运用于工业，实现了生产能力的提高，并通过各种实践形式，实现改造人的生活的目的。这种工业活动带来了人的本质的异化，使非人化的力量得到充分的发展，但是，这种非人化力量的发展为人的解放准备了条件。人类通过工业来展示自身的本质力量，因此自然界已远离了纯粹的状态，被打上了工业化的烙印。工业活动即改造自然的活动，人的本质也在改造自然的对象性的活动中得到了确证。因此，建立在工业发展的历史基础上的自然科学，将远离抽象的物质的方向，并且成为人的科学的基础。人的现实的自然界，是在人类社会的形成过程中生成的；因此，“通过工业——尽管以**异化**的形式——形成的自然界，是真正的、**人本学**的自然界”[②]。

费尔巴哈强调的科学，是从自然界出发的现实的科学。“历史本身是**自然史**的即自然界生成为人这一过程的一个**现实**部分”[③]，那么，研究人的科学，就是研究自然对象的科学，所以人的科学的第一个对象，就是自然界、感性，而人亦在自然科学中、在工业化的实践活动中确证了自身的本质（力量），所以人的感性的实践活动的历史见证，只有在人的科学包括自然科学中实现。

只有扬弃“异化劳动”（私有财产），才能实现对人的生命的占有，表现为人从宗教、家庭、国家等向自己人的存在，即社会的

① 马克思：《1844 年经济学哲学手稿》，第 88 页。
② 马克思：《1844 年经济学哲学手稿》，第 89 页。
③ 马克思：《1844 年经济学哲学手稿》，第 90 页。

存在复归。[1] 对人的生命的占有，向人的类本质复归的实现，必须以社会为媒介，这种社会被称作共产主义社会。在扬弃了私有财产的共产主义社会中，在具有普遍社会性质的共同体的生产活动中，人们的生产真正成为了共同劳动、共同分享的自由自觉的活动。正像社会本身和人之间的相互生产一样，“活动和享受，无论就其内容或就其**存在方式**来说，都是**社会的**活动和**社会的**享受”[2]。因此，人同自然之间的统一性与和谐性，只有在社会中才能完成。自然界的真正复活，只有在合理化的改造自然的活动中才能实现。从这个意义上说，人改造自然的实践活动，是人实现了的自然主义，自然界在人性化、合理化的人类实践活动中，被赋予了人道主义的光辉。[3]

然而，自然主义和人道主义的内在统一，不是在任何社会形态中都可以实现的。二者的真正内在统一，只有在共产主义社会中才能实现。原因在于，共产主义扬弃了私有财产，因此，也就扬弃了异化的劳动，没有了劳动的异化，人就可以实现对自己本质的真正占有，实现向合乎人性的社会的人的复归，成为合乎规律的必然。在未来的共产主义中，自然主义已浸润了人类的价值于其中，人道主义只有在改造自然的人性化活动中才能呈现出来。那个时候，人类才能在人性化的感性的、实践的活动中，真正解决人和自然、人和人之间的矛盾，同时也解决了哲学上关于认识论和价值论、关于特殊性和普遍性之间的矛盾。这两对矛盾具象化为必然和自由、个体和类之间的矛盾。因此，共产主义就是对历史之谜的解答。[4]

马克思强调，我们不是仅仅在思想中扬弃私有财产，我们要有

---

① 马克思：《1844 年经济学哲学手稿》，第 82 页。

② 马克思：《1844 年经济学哲学手稿》，第 83 页。

③ 马克思：《1844 年经济学哲学手稿》，第 83 页。

④ 马克思：《1844 年经济学哲学手稿》，第 81 页。

共产主义的行动。[①] 马克思认识到，人类历史的发展，必将实现理论状态下的共产主义向现实的共产主义的转变。但这一转变过程是极其漫长、极其艰难的。同时我们还要认识到，共产主义运动自身的局限性，以及这场运动的真正目的，要把在对现实的批判和历史的超越基础上取得的现实的进步，都汇聚为迈向共产主义的积极力量。

马克思认为通过扬弃私有财产，人类真正的类生活的解放就可以实现。而工人阶级是扬弃私有财产的先进力量，而工人阶级的解放，不仅仅只是工人阶级的解放，它还包含普遍的人的解放。之所以如此，是因为“整个的人类奴役制就包含在工人对生产的关系中，而一切奴役关系只不过是这种关系的变形和后果罢了”[②]。为此，消灭资本主义生产关系，是实现工人阶级解放和普遍的人的解放的前提。

从马克思关于普遍的人的解放的论述中，我们可以看出马克思把人的解放，从《论犹太人问题》中抽象的人本主义，落实到现实的经济生活中，以改变工人的异化劳动为目的，实现人的真正的解放。而这一切的实现都必须围绕“工人同生产的关系”展开，“工人同生产的关系”是一切奴役关系的基础。人类的解放只有在改变“工人同生产的关系”性质的情况下，才能铲除各种奴役关系。这里的表述已暗含着一切社会关系皆由经济关系决定的思想，这对马克思市民社会概念的形成有着重要的启迪作用。

私有财产的本质是被异化了的劳动，对异化劳动的扬弃，不仅仅是扬弃了私有财产，其实质是人的解放，而人的解放是以经济的解放为基础的，即改变“工人同生产的关系”的性质为基础。“工

---

① 马克思：《1844 年经济学哲学手稿》，第 128 页。

② 马克思：《1844 年经济学哲学手稿》，第 62—63 页。

人同生产的关系”通过资本主义的诸多经济现象呈现出来，而经济现象中的每一个范畴，例如商业、资本、竞争、货币等不过是“异化劳动”“私有财产”这两个基本因素的特定表现而已。

对私有财产的扬弃意味着异化劳动的消除，是对“工人同生产的关系”的彻底改造，意味着新的生产关系的生成，新的社会形态的诞生，共产主义就是对私有财产扬弃的结果，不仅仅是思想上的扬弃，关键在于落实到现实的行动中，马克思立足于资本主义生产的异化，指出通过消除异化而获得普遍的人的解放这一基本途径，并通过论述私有财产的内部矛盾，说明私有财产的历史暂时性和普遍的人的解放的历史必然性。

作为私有财产的两个方面——劳动和资本，马克思和资产阶级国民经济学者给予了不同的分析。对资产阶级国民经济学者故意抹杀劳动与资本对立的做法，马克思进行了深刻的批判。资产阶级经济学者否认私有财产内部存在着劳动与资本的对立，努力确证劳动和资本的统一。资产阶级经济学者认为，“（1）资本是积累劳动；（2）生产范围内的资本使命……就在于生产劳动；（3）工人是资本；（4）工资属于资本的费用；（5）对工人来说，劳动是他的生命资本的再生产；（6）对资本家来说，劳动是他的资本的活动的要素；（7）国民经济学家把劳动和资本的原初的统一假定为资本家和工人的统一。”综上所述，国民经济学家论证的出发点，是完全站在资本家的立场上，关于生产的一切要素全部服从于资本家手中资本增值的需要，一切的一切包括工人的活劳动，都要围绕资本增殖的目的运转。对于上述资产阶级经济学者的阐释，马克思揭露道，这是一个远离现实的幻想状态，劳动与资本的对立，事实上，是工人和资本家对立的表现，这种必然的对立，在国民经济学家看来，只是一种偶然的表现，因而只应用外部原因来解释的事情。[1]

私有财产的两个要素——劳动与资本的分离被当作偶然需要的产物来把握。而马克思则直观到二者对立是历史的必然。马克思指出，资本依附于一无所有的工人身上，正像一无所有的工人劳动依附于资本身上一样。[2] 劳动力商品的承担者是指把自身暂时地出卖给资本家的一无所有的工人，这时的工人变为资本家的活劳动，即能增殖的资本，此时，对于工人来说，就是完全失去了自身的人，如果不成为完全失去自身的人，工人只有被活活饿死。后者指作为活劳动的资本必然进入劳动的状态，不停地劳动是作为活的资本的永远状态，这种增殖的资本最后物化在有形的产品中。作为劳动和资本的共同性质都表现为“失去自身的人”，马克思深刻地揭示了工人对自己的出卖，是资本和劳动的共性，并进一步地揭示了作为资本的劳动（工人）的特点：作为资本的工人，必须不停地劳动，保持生息的状态，才能保证其作为资本的存在，也才能维持自身的生存；作为资本的工人，在劳动力的市场上，作为特殊的商品存在，其价格同样受供求关系的影响，意味着工人内部存在着竞争；工人生产资本的同时也生产自身。

通过分析，马克思揭示了劳动和资本之间的对立统一关系，工人（劳动）只有作为活的资本而存在，才能保障资本家的整体资本的生息，获得高额的利润，工人也只有作为资本而存在，也才能维持自身的生存。但是，这种统一对于工人来说，是迫不得已的统一，只要有可能，他们会打破这种统一，寻求新的生存方式。因为劳动和资本之间是异己的存在，二者的对立是尖锐的、无法调和的对立。如果说二者之间还有关系的话，那也只是一种外部的和偶然

① 马克思：《1844 年经济学哲学手稿》，第 127 页。
② 马克思：《1844 年经济学哲学手稿》，第 65 页。

的关系。资本和工人（劳动）表面统一的实质是工人对资本的隶属和依赖。一旦工人离开工业资本等形态，工人的生存权利就得不到保障。因此，工人的生存是以资本的存在为基础的。① 劳动和资本的对立，亦隐含着工资和资本利息之间的对立，很明显，工资和资本利息之间是一种反比的关系。② 实质上工资和资本利息的对立，就是工人在劳动时间内创造价值的分割。这样就使私有财产的内部矛盾——资本与劳动的对立明朗化。马克思认识到，私有财产关系的表现：作为劳动的私有财产关系和作为资本的私有财产的关系，并指出这两种表现的相互关系。③ 作为劳动的私有财产的关系，是指资本家雇佣并占有工人的劳动。对于工人来说，他们被迫接受异化的劳动，成了失去自我的存在，他们在资本家的眼中，是作为能挣钱的活劳动的抽象存在；作为资本的私有财产的关系意味着私有财产只要作为资本存在，就会丧失一切自然的和社会的性质，生息和增殖成为它的唯一目标。事实上，劳动和资本的对立是资本主义生产关系和生产力矛盾的表现。马克思因此得出："劳动和资本的这种对立一达到极端，就必然是整个关系的顶点、最高阶段和灭亡。"④ 马克思从资本和劳动对立的解释中，看到了私有财产的暂时性，也就有力地击碎了把资本主义制度永恒化的资产阶级学者的幻想。

对异化劳动的扬弃，是实现对私有财产扬弃的前提，从根本意义上讲，就是对制造异化的总根源——社会关系的扬弃，对于社会关系，马克思还没有明确给出市民社会（经济基础）内涵的界定，但是，我们从《1844 手稿》的笔记本 3 中看到了马克思关于私有

① 马克思：《1844 年经济学哲学手稿》，第 65—66 页。
② 马克思：《1844 年经济学哲学手稿》，第 66—67 页。
③ 马克思：《1844 年经济学哲学手稿》，第 67 页。
④ 马克思：《1844 年经济学哲学手稿》，第 67 页。

制的相关论述，私有制把工人变成愚蠢和片面的机器，甚至一个物品，或者作为生产资料成为工人劳动的对象，或者作为生活资料成为工人使用的对象的时候，这个物品才是工人的。[①]

马克思的论述是对私有制导致的人的异化的批判，说明马克思在《1844 手稿》的行文中，已认识到私有制导致人的异化，但是还没有把私有制作为市民社会的特殊形态并将其置于社会结构的有机链条中。因此，马克思虽然提出了扬弃私有财产，向人的类本质的复归的共产主义社会的理想目标。但这一目标的实现还没有具体的明确的革命方案。原因在于马克思的唯物史观还没有形成，决定唯物史观形成的前提是马克思的市民社会概念的生成。因为市民社会概念作为连接生产力和上层建筑的中间环节，在整个社会有机链条中（唯物史观中）处于枢纽。

但是，我们又不得不承认马克思在《1844 手稿》中对于劳动和资本对立的揭示，已经暗含着生产力和生产关系的矛盾运动，对于生产关系（市民社会）的内部诸因素也做了详细的阐释，如通过对竞争这一范畴的阐释，揭露了资本主义生产内部存在的诸多领域的竞争，如关于动产和不动产的竞争，实则反映了资本内部的工业资本家和土地所有者之间的竞争；关于活劳动作为商品其价格受供求关系的影响，是在说明工人为了维持生存，在挣得作为活的资本的时候，也存在着竞争。资本家占有更多的利润，而工人仅得到维持自身生存的微薄工资，工人生产的越多，就越变成廉价的商品。物的世界增值与人的世界的贬值形成鲜明的对比。工人的“活动是受动；力量是无力；生殖是去势”[②]。对工人境况异化进行描述，目的是揭示资本主义生产条件下两大阶级的对立。

---

① 马克思：《1844 年经济学哲学手稿》，第 85 页。

② 马克思：《1844 年经济学哲学手稿》，第 55 页。

# 第三章

# 马克思市民社会概念的生成

## 第一节 《神圣家族》与马克思市民社会概念的基本框架

### 一 《神圣家族》的写作目的：批判鲍威尔的主观唯心主义

鲍威尔作为青年黑格尔分子，在19世纪30年代末40年代初，还表现出进步的倾向，但后来却走上了反动的道路。他们的反动言论发表在沙洛顿堡出版的《文学总汇报》月刊上。这些青年黑格尔分子们之所以是反动的，因为他们在哲学观上，是彻底的主观唯心主义，将黑格尔的客观唯心主义中的合理成分完全抛弃。黑格尔的绝对精神是主客统一的逻辑设定，内在地包含着历史的发展。而鲍威尔等人设定了普遍的自我意识这一抽象的、空洞的概念，并将其作为绝对主体，一切事物皆是自我意识的产物，也是自我意识的不完善的表现形式。为了克服事物的不完善性，就必须采用批判的方式，即对现实的一切进行“批判的批判”。这些批判涉及三大领域，即政治、社会、宗教领域，对这三大领域的“教条”进行批判。青年黑格尔派认为，这种纯粹的、抽象的批判，是实现对事物本质的把握的基本途径。由谁来承担“批判的批判”呢？鲍威尔及其同伙认为，由于群众不关心精神问题，因此不能参与对于精神问题的探讨；群众是精神的敌人，精神问题一旦与群众联系起来，就必然遭到失败，因此认定群众是主要的社会祸害，而如果一个事业是鼓舞群众的，这个事业就没有任何意义。[①]

以自我意识为轴心，现实的事物都是自我意识的不完善的形式，那么，作为社会领域中的资产阶级激进主义和引领人民群众的共产主义的活动也不例外，是不完善的，因而必须对其进行批判。而能承担起对不完善的形式进行批判的，是“超脱于人世之外、有本领远离社会问题和政治斗争、与任何学说和政党毫无牵连的进行抽象的自我意识思辨的天才”[②]。这样的天才就是以鲍威尔为首的青年黑格尔分子。

为了进一步揭示“批判的批判”的荒谬性，马克思从思维的根基处分析“批判的批判”的病灶。“批判的批判”的根基来自黑格尔哲学，但抛弃了黑格尔哲学中的合理成分。马克思在黑格尔的现象学中找到了“批判的批判”的秘密。在《精神现象学》中，现实的人被黑格尔的自我意识代替，所以，纷繁复杂的人的现实，在黑格尔看来，只是自我意识的一种规定性。[③] 黑格尔把这些规定性看作“纯粹的范畴”“思想”，可以在思维中被扬弃掉。马克思进一步指出，黑格尔用自我意识的人代替现实的人，因此，在头脑中他就能够消灭一切界限；《精神现象学》实现了一个哲学上的目标：自我意识是唯一的、无所不包的实在。[④] 黑格尔将现实视作自我意识的规定性，即纯粹的范畴、思想，而鲍威尔“前进一步”的地方，就是依靠纯粹的思辨进一步对范畴、思想这些不完善的形式进

① 许征帆、李鹏程、马绍孟、成保良、刘伟能、刘炯忠：《马克思主义学说史》第1卷，吉林人民出版社1987年版，第148页。

② 许征帆、李鹏程、马绍孟、成保良、刘伟能、刘炯忠：《马克思主义学说史》第1卷，第148页。

③ 《马克思恩格斯文集》第1卷，第357页。

④ 《马克思恩格斯文集》第1卷，第357—358页。

行批判。在他们的视野内，现实是存在于他们的思辨的大脑中的不完善的形式。

黑格尔哲学中的三个要素：客观——斯宾诺莎的实体、主观——费希特的自我意识以及作为二者矛盾统一的绝对精神（主观与客观的统一），三个要素是建构黑格尔哲学的支点，要围绕这三个要素理解黑格尔的思想。但鲍威尔选取其中一个（自我意识）作为自己哲学的立足点，并加以片面发展。另外，青年黑格尔派视野中的自我意识哲学，是庸俗化了的黑格尔哲学。作为绝对精神人格化的黑格尔的自我意识，并不是纯粹个人的主观意识。[①] 但鲍威尔理解的绝对精神就是他本人的意识。鲍威尔无端夸大个体主观意识必然会排斥物质、群众、现实这些实存的要素。把个人和群众、精神和物质、自我意识和实体绝对对立起来。这种哲学观发展到极端，就会拒斥一切感性活动和自然等物质的存在，拒斥感性活动就是否认工人、群众在历史中的能动作用，这对于马克思的共产主义事业是极其有害的。

马克思意识到鲍威尔的自我意识哲学，完全抛弃了黑格尔思辨哲学中的合理成分，因而是黑格尔思辨哲学的蜕变。马克思以果实为例揭示了这种思辨方法的秘密。第一步，先设定抽象的实体化的概念，这种概念可以脱离感性事物而独立存在，并决定具体的感性的苹果，具体的可见的苹果是苹果概念的样态、虚幻的本质。第二步，将实体概念主体化，“即把实体看作是主体在自己的生命过程中自我设定的对象，不同的实体只是主体生命过程中千差万别的环节”[②]。脱离感性事物可以存在的实体概念和将实体主体化这两个特征，被鲍威尔等人极端夸大化为个体自我意识的万能性，用这种思

① 孙伯鍨、侯惠勤主编：《马克思主义哲学的历史和现状》上卷，第80页。
② 孙伯鍨、侯惠勤主编：《马克思主义哲学的历史和现状》上卷，第81页。

辨的方法用来理解历史、社会，就会导致神秘的历史观，将历史看作自我意识的发展史，而鲍威尔宣布他个人就是这种自我意识，因此，历史就成了鲍威尔自我设计的剧本，人民群众和历史的发展是没有任何关系的。

## 二 物质生产方式的重要性与唯物史观的粗略框架

鲍威尔等青年黑格尔分子抛弃了黑格尔历史哲学中丰富、具体的内容，选取了自我意识作为理解历史的法宝，杜撰其荒谬的历史观。“批判的批判”认为，历史是精神发展的历史，精神是历史发展的动力，因此历史就是精神反对物质的斗争史，是自我意识反对群众的斗争史。对此观点，马克思讥讽道，本该是积极的一方——群众，被青年黑格尔分子污蔑为是消极的、非历史的、物质的因素；相反，作为思想垃圾的精神、批判、布鲁诺先生及其伙伴，却被认为是积极的因素，这样的积极因素创造一切历史性行动。这样，“改造社会的事业被归结为批判的批判的**大脑活动**”[①]。由于精神是历史发展的动力，而群众不关心精神问题，因此，群众是精神的敌人，历史的创造只能由“批判的批判”的大脑来完成，要坚决同群众决裂。实现决裂要落实到实际的行动中，要揭露群众观点的毫无道理、荒诞幼稚。经过努力，“批判的批判”认为自己摆脱了与世俗的一切纷争，成为超凡脱俗的精神，可以用观念推动历史的发展。在鲍威尔等人视线中，现实的历史的斗争就是观念的斗争。

对于“批判的批判”的历史观，马克思在指出其荒谬性的同时，给出了唯物地理解历史的观点。历史是对人类曾经过往的记录，历史本身没有能动性，因此，历史不可能做任何事情，事实上，正是人，现实的、活生生的人在创造社会的一切。历史不过是

① 《马克思恩格斯文集》第1卷，第293页。

追求着自己目的的人的活动而已。[①] 这里马克思将历史建立在“现实的、活生生的人”的创造活动之上，批判抽象的观念创造历史的荒谬性。

马克思在《神圣家族》中写道：群众是创造历史活动的主体，是推动历史变革的主导力量。随着历史活动的不断向前发展，群众的力量不断得到壮大，群众的队伍也不断扩大。[②] 批判的批判号称自己是历史的创造者，但事实上，是工人创造了一切，批判者什么都没有创造，甚至就工人的精神创造来说，也会令批判者感到无地自容。[③] 马克思等社会主义理论家认为，唯有人民群众，才能担当起批判现存的资本主义制度的历史重任，在持续的批判中推动历史不断向前发展。

为什么群众是推动历史前进的动力呢？最重要的一点在于，人民群众生产了物质财富，生产活动必须在一定的社会中进行，生产活动必然伴随生产力与生产关系的矛盾运动。这对范畴的矛盾运动推动社会历史的发展。这一原理部分地体现在《1844 手稿》中。其中，马克思通过对资本主义生产过程的特征剖析，从中发现了劳动与资本对立的现象，为此，马克思直观到资本主义社会的生产关系和生产力的矛盾，而这一矛盾发展到极端，就导致工人的生存受到了威胁，所以只有奋起反抗其所属的私有制（生产关系）对他们的类本质的剥夺。因此，对生产力和生产关系的矛盾反应最为敏感的是底层的生产者，他们的生存状况是衡量特定社会形态的生产方式合理与否的标识，也是特定生产方式存在的底线。

对人民群众的特殊作用确定之后，马克思揭示了与人民群众相伴随的另一历史因素的重要性。指出历史的基本内容是物质生产和

---

① 《马克思恩格斯文集》第 1 卷，第 295 页。

② 《马克思恩格斯文集》第 1 卷，第 287 页。

③ 《马克思恩格斯全集》第 2 卷，人民出版社 1957 年版，第 22 页。

社会生产方式的观点，要研究历史就必须研究自然科学和工业社会生产方式，指出物质生产是历史发展的真正动力。马克思反讽道，难道批判的批判以为它撇开生活本身的直接的生产方式，它就能真正地认清这个历史时期吗?[①]

鲍威尔等人的自我意识创造历史的观点是极其荒谬的，马克思从唯物主义立场出发深刻认识到，历史发展的真正动力在物质生产之中，是物质生产方式决定历史的发展。这是马克思市民社会概念形成的最重要的思想铺垫，物质生产方式是解释历史中的其他一切要素的出发点，也是决定其他一切社会要素的基石，其他社会要素的性质、发展样态皆取决于物质生产方式的水平。

为此，马克思得出了社会存在决定社会意识、经济基础决定上层建筑的观点，这就给出了马克思市民社会概念的粗略框架，也形成了唯物史观的基本思想。

而马克思之所以生成社会存在决定社会意识的观点，也是在批判鲍威尔等人对法国资产阶级革命的歪曲时呈现出来的。鲍威尔认为法国革命是由于思想冲突导致的，其失败是由于革命思想没有超出旧世界的范围。马克思批判道，思想在现实面前，是软弱无力的，思想根本不能实现什么东西。思想要得到实现，就要有使用实践力量的人。[②] 思想的实质是什么？马克思极其深刻地指出，思想不过是阶级利益的观念表达，不同思想原则的差别实质上是不同阶级利益差别的体现。革命就是为了实现本阶级利益而进行的武装斗争，思想斗争实际上是实际的阶级利益斗争在观念上的表现。马克思还指出，只有当思想代表进步阶级的现实利益时，才能转化为现实的物质的力量，而“‘思想’一旦离开‘利益’，就一定会使自

① 《马克思恩格斯文集》第1卷，第350页。
② 《马克思恩格斯文集》第1卷，第320页。

己出丑”[①]。

从现实的物质利益出发，去解释各种社会现象和意识形式，这也是马克思用来批判鲍威尔的武器，这一武器简括为市民社会决定国家的原理。但鲍威尔却不这样认为。对于法国革命失败的原因，鲍威尔将其归结为政治因素。马克思认为法国革命的失败不能归结为单纯的政治原因，应该探究其深刻的社会原因。对此，马克思指出，市民社会中各成员基于个人利益的需要，才彼此联系起来的。所以，维系各成员间联系的现实纽带，只能是市民生活，绝不是政治生活。[②] 马克思这段话阐明了市民社会、市民生活同人民的政治生活与国家之间的关系。马克思进一步指出，罗伯斯庇尔和拿破仑的失败，不是他们的美德与市民的利己主义观念相矛盾，只是由于他们没有看清市民社会的重要作用，而只关注国家，把国家作为政治活动的目的，违反了资产阶级的现实的经济利益，因而导致革命的失败。[③]

在1842年和1843年，作为神学家的鲍威尔分别发表了两篇论述犹太教和基督徒的文章。在文章中，鲍威尔得出结论：真正的国家只能是摆脱基督教的国家，犹太人要想成为真正的人，只有放弃犹太教，并且还能获得最终的解放。马克思批判道，宗教和国家的分离，完成的只是政治解放，而犹太人的解放，就是消灭产生犹太精神的经济制度。这样才能迈向更高的人类解放。

继鲍威尔的两篇神学大作问世后，鲍威尔又抬出荒唐的政治大作《国家、宗教和政党》，在这里，鲍威尔重复他原来的观点：犹太人的问题，既是宗教的、神学的问题，也是政治问题。没有把产

---

① 《马克思恩格斯文集》第1卷，第286页。

② 《马克思恩格斯文集》第1卷，第322页。

③ 许征帆、李鹏程、马绍孟、成保良、刘伟能、刘炯忠：《马克思主义学说史》第1卷，第159页。

生宗教的、政治的问题的基础，建立在世俗基础上，更没有认识到世俗基础的重要性。对此，马克思深刻地指出，鲍威尔离开世俗的现实的基础，去大谈犹太教的宗教本质。这完全颠倒了存在与意识的关系。没有将对犹太人宗教秘密的探讨，建立在犹太人的现实存在基础上。[①] 宗教的犹太精神，是由现实社会的物质利益关系决定的，即从当下的市民生活中产生出来的，并且在货币制度中得以形成。[②]

马克思认识道，犹太精神的实质被宗教的外壳包裹着，这个实质就是资本主义意识形态主导下的利己主义或拜金主义。只要扯掉宗教的外壳，露出犹太精神的世俗内核，就可以构建出真正的社会形式，来消除这个世俗内核。马克思再次强调指出：不能从宗教出发来解释现代人的生活，而只能从犹太教的实际基础——市民社会来解释。因此，犹太人的解放，直接表现为摆脱资本逻辑的控制，并对渗透着犹太精神——拜金主义的现代世界进行彻底的革命，铲除掉市民社会中的犹太精神（利己主义的本质），消灭市民社会中的非人性的东西。

对于鲍威尔关于解放犹太人观点的荒谬性，马克思站在唯物主义的立场上，进行了深刻的批判，并形成了如下正确的观点：第一，犹太精神的秘密在犹太人的现实市民生活中，形成了社会存在决定社会意识的观点；第二，只要掏出犹太精神的经验内核，就可以规划出消融该内核的真正的社会形式，形成了用新的社会形式取代旧的市民生活的革命构想；第三，把消灭犹太精神落实到实践中，用武器的批判代替批判的武器，用新的物质的力量摧毁旧的物质力量。

---

① 《马克思恩格斯文集》第 1 卷，第 307 页。

② 《马克思恩格斯文集》第 1 卷，第 307 页。

以自我意识为基础，鲍威尔认为犹太人的解放程度取决于他们的理论自觉的程度和自由愿望进展的程度。马克思认为，这种精神上的解放并不能改变现存的状况，只不过是一种虚幻的观念上的解放。对此，马克思批判道，无论如何，思想永远摆脱不了其对现实的、感性的依赖，这种依赖，看似枷锁，实则是思想产生的根基。[①]马克思继续强调，真正的自由，只能建立在现实的物质条件的基础上，以此来推动社会层面的实际变革。因此，马克思坚决否定依靠纯粹的理论的解放就可以获得自由的抽象的唯灵论式的说教。

针对精神创造世界的荒谬观点，马克思指出，历史的发源地只能到物质生产的活动中去寻找。对人与物关系的理解上，马克思指出，物，是人的对象性存在，而人是他人的定在，是人同人的社会关系。[②] 马克思视线中的物是人的活劳动的物化形式，这种活劳动的物化形式不仅仅满足自我的需要，还满足他人的需要，所以实物不仅仅是劳动的成果——物的存在形式，还体现了人与人之间的社会关系。通过《神圣家族》我们可以看出，马克思是如何一步步地接近生产的社会关系这个概念的。

针对鲍威尔的精神创造历史的唯心史观，马克思阐发了人民群众创造历史的思想，并指出历史发展的真正动因在于物质生产中，在物质生产的过程中，必然伴随人与人之间的社会关系的产生；针对鲍威尔的精神万能论，马克思指出，社会思想从来也不会超出旧世界秩序的范围，得出了社会存在决定社会意识的结论。这样，在马克思的思想中，已给出了物质生产、社会关系、社会意识等不同层面的概念之间关系的逻辑定位，已形成了唯物史观的雏形，但对于唯物史观的成熟理解和系统描述还需待到市民社会这个核心概念

---

① 《马克思恩格斯文集》第1卷，第288页。

② 《马克思恩格斯文集》第1卷，第268页。

的最终形成，因为它在唯物史观的构架中起到至关重要的作用。

在《神圣家族》中，马克思的成就突出表现在两个方面，一是唯物史观雏形的形成（社会存在决定社会意识）；二是在唯物史观思想的基础上，阐明了资本主义社会的矛盾及其解决的途径。这两方面的突破均是在批判鲍威尔的自我意识哲学的基础上完成的。第一方面已作简要的陈述，现就第二方面作必要的分析。

## 三　私有制与无产阶级解放使命的确立

对资本主义矛盾的分析及其解决途径的表述，体现在马克思对蒲鲁东的小说《巴黎的秘密》的评价中，也反映在马克思对鲍威尔论犹太人问题的批判中。

针对埃德加尔·鲍威尔对蒲鲁东的著作《什么是财产?》进行的错误批判，马克思则给予了较为合理的评判。马克思指出，蒲鲁东和其他经济学家的差别在于，蒲鲁东把私有制的个别形式看作社会的真实存在，反对将其看作经济关系的伪造。另外，蒲鲁东看到了整个私有制的消极作用，即对于经济关系的制约作用。马克思特别强调指出，蒲鲁东的观点值得称赞的地方，其思想的出发点是“群众的、现实的、历史的利益”，不是抽象的、自我构想的利益。因此，蒲鲁东的著作“是法国无产阶级的科学宣言”[①]。马克思再次指出了蒲鲁东著作积极的地方在于看到了贫穷和财产之间的内在关系，认为要消灭贫困就必须废除私有制。蒲鲁东还详尽地分析了资本的运动是如何造成贫困的。马克思在分析蒲鲁东的著作的积极方面的同时，也看到了其中的局限性。蒲鲁东“对国民经济学的批判还受到国民经济学的前提的束缚”[②]。蒲鲁东虽然认为私有制带来

---

① 《马克思恩格斯文集》第1卷，第266—267页。

② 《马克思恩格斯文集》第1卷，第268页。

了不平等和贫困，但是他把消灭不平等和贫困仍然建立在私有制的基础之上，他把私有制分为合理的形式和不合理的形式两种，把平均的公平占有视作合理的形式，而把无限制的占有视作私有制的不合理的形式。因此，只要把一切人变为平等占有的小私有者，就可以解决贫困和不平等的问题。可见蒲鲁东在找不到消灭私有制，从而消除贫困的办法的条件下，只有保存了私有制。

在对于消灭私有制的理解上，鲍威尔等青年黑格尔派的解决方案远远低于蒲鲁东的水平。鲍威尔等人仍是在思想观念的范围内解决这个问题。青年黑格尔派认为“财产”“贫穷”等社会问题只是抽象的概念，一切祸害都源自工人们的“思维”，只要他们在思想中摒弃和铲除雇佣劳动和资本这两个范畴，他们就真的不是雇佣工人了，不再受资本的奴役了。对此种荒谬的观点，马克思严厉地驳斥道，工人们非常清楚，“纯粹的思维”并不能使他们摆脱被雇佣和受屈辱的地位。资本、雇佣劳动等作为异己的存在，在意识中是无法消灭的，必须用实际的和具体的行动才能消灭它们。①

消灭财产、资本、雇佣劳动必须用实际的和具体的方式，这种方式远不是青年黑格尔分子所宣扬的奖善惩恶的改良方式（《巴黎的秘密》中宣扬的感化方式），改良、改革是解决不了现实的社会问题的。

为了实现用实际的具体的方式消灭资本、雇佣劳动这一社会现象，马克思没有直接给出问题的回答，而是在分析资本主义社会问题，尤其是对犹太人解放的问题上，发现了资本主义社会两极对立现象的产生，即富有和贫困的存在，这种对立导致两大对立阶级的存在，为铲除私有制准备了阶级的力量。这一看似简单的解决方案是在较为细致的分析基础上得出的。

---

①《马克思恩格斯文集》第1卷，第273页。

自由贸易和竞争引发的人与人之间的争斗，是资本主义特有的现象。马克思写道，在市民社会中，把支撑自己异化的生命的各要素，如财产、工业、宗教等，看作不再受普遍纽带束缚，也不再受人束缚的不可遏止的运动，当作自己的自由，事实上，这是十足的屈从性和非人性。[①] 在这个社会里，人权是保障人占有财产的自由；人权亦是赋予人以经营的自由。[②] 这种自由为资本的拥有方提供了经营财富和追求财富的自由，而对于生产财富但不占有财富的一方，则只有贫困的选择，这就导致了占有财产一方的富有和被剥夺财产一方的贫困的两极对立。

关于富有和贫困两极对立关系的分析，马克思是在评价蒲鲁东的论文中，做出论述的。马克思批判道：贫富之间的整个对立，通过对立的两个方面的运动展现出来，贫富对立的本性决定了贫富对立的整体存在[③]。马克思从贫富的对立中，看到了两大对立群体的存在，即资产阶级和无产阶级的存在，对立这一现象是私有制导致的。在对立中，富有者和贫困者都是人的本质的异化。但二者在异化过程中的表现是不同的，有产阶级在被满足和被巩固的前提下证明自身的强大，与此相反，而无产阶级感到自己是被摧残和趋于毁灭的。而对于对立的双方来说，对现有制度的态度截然相反：维持与破坏。有产者希望贫富对立的状况一直保持下去，无产者则产生消灭对立的强烈愿望和行动。[④] 从无产者的强烈愿望来说，意味着马克思发现了革命的力量，初步形成了无产阶级是资本主义的掘墓人的思想。

马克思已形成明确的判断，资本主义社会的基本矛盾，即生产关系和生产力之间的矛盾，成为其自身无法克服的固有矛盾，这一

---

① 《马克思恩格斯文集》第 1 卷，第 316 页。
② 《马克思恩格斯文集》第 1 卷，第 312 页。
③ 《马克思恩格斯文集》第 1 卷，第 260 页。
④ 《马克思恩格斯文集》第 1 卷，第 261 页。

矛盾，把资本主义社会引向灭亡的深渊。但是资本主义走向灭亡的宿命不是自行发生的，需要进步阶级，即清醒认识到自己的阶级地位和处境的有觉悟的无产阶级的产生。无产阶级承担着消灭私有制的革命任务。而无产阶级是否能胜任这一任务呢？马克思经过分析得出肯定的结论。马克思认为，无产阶级的违反人性的、异化的生活条件，必然激发其奋起反抗，以实现解放自身的目的。而解放自身的前提，是消灭集中表现在它本身处境中的现代社会的一切非人性的生活条件。[①] 马克思同时指出，无产阶级的革命品格是在资本主义雇佣劳动中形成的，无产阶级经受了高强度的非人的雇佣劳动的洗礼，也铸就了工人钢铁般的意志。

## 四　实践观与现实的人的观点的确立

在写作《神圣家族》之前，马克思理解历史和人的方法仍是异化理论。异化理论是德国固有的解释世界的方法，是主客体之间矛盾运动的展现。以主体或客体的不同方为立足点来解释世界，就呈现出不同的异化理论。黑格尔是绝对精神的异化理论，鲍威尔是人的自我意识的异化理论，费尔巴哈是人的本质的异化理论，[②] 马克思是劳动的异化理论。这些异化理论尽管有唯心、唯物之分，但是他们共同的思维方式——用异化理论解释历史，因而通过扬弃异化就可以实现人的自由问题。马克思在《1844 手稿》中，从工人劳动的异化入手，剖析了私有财产从产生到灭亡的过程，无产阶级是消灭私有财产的革命力量，人类在消除私有财产的共产主义社会中实现了自由的类本质。这一理论的探讨对于唯物史观的创立，起到了积极的作用，但仍是不科学的。原因在于马克思受费尔巴哈人本

---

① 《马克思恩格斯文集》第 1 卷，第 262 页。

② 孙伯鍨、侯惠勤主编：《马克思主义哲学的历史和现状》上卷，第 82 页。

主义异化方法的影响，把抽象的实际上并不存在的类本质作为历史发展的动力，异化的事实反而成了与人的类本质相悖的非真实的存在，那么如何解释异化事实的客观存在呢？这仍待马克思的唯物史观的一步步发现。

《1844 手稿》对劳动和工业在历史发展过程中的作用已做出了强调，但是《1844 手稿》中的劳动，强调的是劳动的否定性质。而马克思在《神圣家族》中，则从肯定方面剖析了劳动和实践，近乎形成了生产方式在社会发展中起着决定性作用的观点。鲍威尔鼓吹自我意识的万能论，而鄙视人对自然的实践的关系，对此，马克思指出，对某一历史时期的分析，只能建立在该时期的工业和生活本身的生产方式之上。这时，马克思视线中的实践概念，已有别于《1844 手稿》中对实践的理解，人类实践活动的拓展，使实践的外延夸大化，已从原来的单一的工人的生产劳动，扩展到市民社会中的工商业活动，以及变革社会的革命活动。马克思他们还特别强调了社会实践的功利性质。功利性质通过思想体现出来，思想从属于利益，利益推动着人们的社会实践。哲学家头脑不能创造历史，历史是追求着自己目的的人们的活动。

如何理解宗教蕴含着的犹太精神的本质，在马克思看来，现实的世俗的基础是理解犹太精神的前提，并进一步指出，只有立足于市民社会的实践，才能洞悉到犹太精神的本质，也才能更好地解释犹太教的生命力。而对市民社会的实践，马克思特别强调工商业的实践。犹太人的解放，不是犹太人的特殊任务，而是被拜金主义污染的现代世界的普遍的实践任务。消除犹太本质的任务实际上就是消除现代生活实践中的非人性的任务，这种非人性的最高表现就是货币制度。①

① 《马克思恩格斯文集》第 1 卷，第 308 页。

在《神圣家族》中，马克思实现了从抽象的人向现实的人的哲学观的重大转变。围绕人的问题展开研究，亦是青年黑格尔派运动的特点，黑格尔视线中的人就是绝对精神，作为青年黑格尔分子的鲍威尔，其视线中的人等同于自我意识。费尔巴哈以自然为基础来探讨人，并特别指出，避开自然基础去谈论人只能是抽象的人，在人的自然的生物秉性的基础上，费尔巴哈生成了人的类本质的概念，费尔巴哈把远离现实的、历史的、抽象意义上的、彼此相爱的人，看作理想中的人，很明显，建立在自然基础上的人，仍然是抽象的人，因为他远离了现实的历史。但是，以马克思当时的思想进展，还识破不了费尔巴哈抽象的类本质的无根性。费尔巴哈用抽象的类本质衡量历史的发展，这一观点也影响了马克思早期的思想。例如，马克思把现实中的工人、资本家这些实际存在的人看作抽象的人，而把理想的人看作现实的人。《1844 手稿》基本上坚持这种观点。但是，马克思在对人的考察上已突破了费尔巴哈的生物的人的局限，把人置于能动的改造自然的活动中，在人改造自然的能动的活动中，人确立了自身的类本质。

在人与自然的关系上，马克思表现出了不同于费尔巴哈的理解，在费尔巴哈看来，人和自然的关系表现为感性的受动的关系，而马克思则以劳动为中介看待人与自然的关系，基于劳动之上，人的主体的能动的原则被凸显出来。在《1844 手稿》中，马克思在人类社会基础上看待人与自然的统一问题，那么，人的自然制约性就可以从人的社会制约性上表现出来。对人的社会性的强调，表明马克思已突破了费尔巴哈局限于人的自然性的、抽象性的思维。即便马克思看到了人的社会性的一面，但是，《1844 手稿》中的马克思，还深受费尔巴哈抽象的人道主义哲学观的影响。要实现对费尔巴哈抽象的人的彻底超越，必须将研究的对象，转到现实的、活生生的人的身上，把他们当作在社会历史中行动着的人去研究。这一转向，体现在《神圣家族》中。[①]

在《神圣家族》中，马克思思想的进展集中体现在以下几个方面，以下内容可以证明马克思的关注点已从抽象的人，转向现实的历史中的人。第一，批判资产阶级的抽象的人性论。谴责资本主义社会的自由人性、普遍人权的虚伪性。所谓的自由人性、普遍人权皆围绕着利己的市民而展开，满足利己的市民的自然生活需要。第二，关注英国和法国生存居住条件极其恶劣的人，指出这些人才是通过实践创造历史的人。第三，强调人的本质的实物化，从人的生存条件来考察人的本质。第四，接近于形成生产关系和生产方式的概念，开辟了用生产关系的总和来说明人的本质的道路。[②]

## 第二节 《评弗里德里希·李斯特的著作〈政治经济学的国民体系〉》与物质生产方式的内在矛盾

### 一 批判李斯特经济理论的唯心主义

首先，马克思指出了李斯特提出唯心主义性质的经济理论的时代背景和真实的阶级意图。马克思认为德国资产阶级产生在一个与英法资产阶级不同的时代，英法资产阶级是在反对封建统治的过程中确立自身的发展和统治的，而德国资产阶级既面临着反对封建统治的任务，又面临着无产阶级反抗的局面。德国无产阶级作为西欧无产阶级的一部分，都是伴随着资本主义的产业革命的发生而逐渐发展起来的，这就决定了德国资产阶级特殊的发展条件——“资产者还没有使工业发达起来以前，无产阶级已经存在，已经提出要

① 《马克思恩格斯文集》第4卷，人民出版社2009年版，第295页。

② 孙伯鍨、侯惠勤主编：《马克思主义哲学的历史和现状》上卷，第84页。

求，已经令人生畏”；[①] 英法等国的资产阶级顺应时代反对封建统治的要求，提出自由、平等、民主的口号，这一口号顺应时代和绝大多数人发展的要求，革命激情高涨，资产阶级顺势引导革命的力量，把斗争的矛头指向封建专制的统治，这样推翻封建专制的统治，建立资产阶级的工业统治，就成为历史的必然。而德国的情形和英法不同，资产阶级面临的情形是，资本主义的工业生产，造成的绝大多数人被工业统治和奴役的事实。欧洲资本主义经济发展的大环境，已经形成了劳动和资本的对立，无产阶级和资产阶级的对立，也就是说，社会绝大多数人已把革命对象对准了资产阶级，德国资产阶级此时妄图建立资本主义工业统治的想法，这已是有悖时代发展的妄想。

德国资产阶级和英法等国资产阶级发展条件的差异，决定了他们不能采用资本主义初期发展所奉行的赤裸裸的财富崇拜的经济理论，只能在掩饰追逐物质利益的真实动机的前提下，去猎取它。如马克思指出的：德国资产阶级追求财富而又否认财富。把物质的东西装扮成精神的东西，然后才敢去猎取它。[②] 李斯特的经济理论就是上述龌龊勾当的体现。马克思指出，“德国资产者是以创造一种夸大的、假想化的国民经济学开始创造自己的财富的”。[③]

其次，马克思批判了李斯特经济理论的唯心主义特性。德国资产阶级想发展资本主义经济，实现自己的发财梦，但是不敢正视现实的经济运动。作为资产阶级的代言人——庸俗经济学家李斯特不去研究现实的经济的发展，而只堆砌幻想的词句。李斯特先生想要达到的目的：第一，希望国家实行保护关税，以满足资产者攫取政权和发财的梦想。第二，伪造理论掩饰物质财富的真实面孔，赋予

① 《马克思恩格斯全集》第 42 卷，第 239 页。

② 《马克思恩格斯全集》第 42 卷，第 240 页。

③ 《马克思恩格斯全集》第 42 卷，第 241 页。

其精神本质，以同德国大众的唯心主义信仰相一致。第三，德国资产阶级幻想通过工厂制度达到“英国的”繁荣，并实现攫取政权的目的，并认为工厂制度所创造的社会组织是真正的社会组织。基于以上目的，李斯特必然反对“泄露了财富的**秘密**并使一切关于财富的性质、倾向和运动的幻想成为泡影”[①] 的法国和英国政治经济学，并主观随意地歪曲他们的理论。

马克思在批判李斯特对经济学的唯心主义歪曲的同时，对英法等国的政治经济学理论给出了合理的评价。马克思指出，经济学是建立在现实社会生产活动的基础上，是对社会的现实运动的反映，这种反映以理论的形态体现出来。因此，“市民社会”，作为社会经济关系的总和，势必成为国民经济学的出发点。所以，经济学理论，是对市民社会各个不同发展阶段运动的探讨。[②] 马克思强调了经济学的现实基础——“市民社会”的经济运动，讥讽李斯特仅仅关注国民经济学家的理论，而不是现在的社会组织。在指出经济学这门学科的实际出发点之后，马克思断定，李斯特的经济理论没有从现实的经济运动出发，而只是剽窃他人的著作，再来攻击英法两国的经济学家，这足以证明李斯特的理论不具有资产阶级理论传统的性质。基于这一点，马克思讥讽其具有“独创性”。这种独创性源于德国资产阶级的尴尬境况——封建势力的遏制和无产阶级的反对。

德国资产阶级在与外国资产阶级进行贸易往来时，由于自身实力的弱小，无法与他国的资产阶级抗衡，因此反对自由贸易和竞争，并幻想国家实行关税保护而向专制的普鲁士政府妥协；德国哲学唯心主义的传统启发李斯特把发财的欲望遮掩在唯心主义的信仰

---

① 《马克思恩格斯全集》第 42 卷，第 241 页。

② 《马克思恩格斯全集》第 42 卷，第 242、249 页。

下；面对无产阶级的觉醒和反抗，用社会一般利益和“社会主义”的词句来蒙骗工人阶级和劳动群众；德国资产阶级的实际境况决定了自身的软弱性和反动性，幻想发财，又极力掩饰自身行为的罪恶性。综上所述，李斯特的唯心主义经济理论远未达到西欧资产阶级理论的自由主义的思想风格和赤裸裸的物质主义的坦率水平，因此，与西欧资产阶级经济学比较起来，李斯特的唯心主义的经济学是一种反动和倒退。[①]

## 二　物质生产方式的内在矛盾运动

马克思是如何发现生产力和生产关系这对矛盾的呢？马克思从资本主义工业生产中，直观到劳动和资本的对立，但将这一对立提升到生产力与生产关系的高度，是在批判李斯特的“生产力”理论，以及交换价值理论的基础上实现的。

### （一）李斯特关于生产力的观点及马克思对其批判中的新解

财富是如何获得的呢？李斯特在探讨财富来源的过程中，引入了生产力的概念。他认为，财富本身并不重要，创造财富的力量胜过财富本身。那么创造财富（劳动）的动因是什么呢？劳动的动因就是生产力。李斯特认为生产力就是促使身体主要器官从事生产活动，并使这种活动产生效果的动力，生产力表现为：人的精神、社会制度、自然力量。李斯特认为斯密用物质关系解释精神力量是走入了歧途。李斯特还认为生产阶级生产交换价值，而非生产阶级生产生产力，国家必须牺牲物质的力量以便赢得精神的或社会的力量。马克思指出，李斯特的生产力概念是一个具有内在本质的、无限的、非物质的概念，是由我自己的本性中产生的目的，是一种

① 许征帆、李鹏程、马绍梦、成保良、刘伟能、刘炯忠：《马克思主义学说史》第1卷，第199页。

“力量的超感觉世界”，它进而可以表现为独立的精神本质——幽灵或者上帝。

李斯特对生产力的理解带有明显的唯心主义色彩，针对这种荒谬性，马克思首次从唯物主义的立场上，阐明了自己对生产力的理解。马克思写道：“为了破除美化‘生产力’的神秘灵光，只要翻一下任何一本统计材料也就够了。那里谈到水力、蒸汽力、人力、马力。所有这些都是‘生产力’。”① 从马克思列举的生产力的表现形式看，马克思已形成了如下的思想：第一，生产力不是人的激情等内在意识的东西，也不是内在的精神本质——幽灵或上帝，而是客观的物质力量。第二，生产力包括人的力量、自然的力量以及动物的力量。马克思在给出对于生产力的理解的同时，批判了李斯特等把人的力量同动物的力量、机器的力量、自然的力量混为一谈的谬论。马克思指出：“人同马、蒸汽、水全都充当‘力量’的角色，这难道是对人的高度赞扬吗?”② 资产者把无产者不是看作人，而是看作创造财富的力量，还把这种力量同牲畜、机器进行比较。③

马克思指出了这种理论的根源——资本主义制度。人本应该作为生产力的主体，但是资本主义社会制度却把人变成了“物”，人成了创造财富的机器。因此，资本主义制度导致了生产力的二重化，生产力不仅在于它使人的劳动、自然的力量和社会的力量更有成效，而且受劳动生产率的影响，表现在先进机器和设备的使用上，与机器相比，工人的劳动生产效率更低了。因此，生产力一开始就是由交换价值决定的。④

### （二）李斯特关于交换价值的观点及马克思对其批判中的建构

李斯特认为交换价值是生产阶级生产出来的，这样他就自然得

① 《马克思恩格斯全集》第 42 卷，第 261 页。
② 《马克思恩格斯全集》第 42 卷，第 261 页。
③ 《马克思恩格斯全集》第 42 卷，第 262 页。
④ 《马克思恩格斯全集》第 42 卷，第 263 页。

出了“交换价值”就是物质财富的观点。对此，马克思批判道：交换价值并非社会的恒常概念，是特定社会的产物，把物质财富变为交换价值完全是资本主义私有制所为。在废除资本主义私有制和私有财产的情况下，交换价值就失去存在的空间。李斯特避开私有财产关系（交换价值的条件）而去大谈交换价值，这显然是荒谬的。李斯特甚至荒唐地认为，在不考虑国家政治状况的条件下，借助交换价值的理论，人们就可以解决价值、资本、利润、工资、地租的涨落问题。马克思批判道：雇佣工人的劳动通过工资的形式体现出来，因此，工人作为资本的奴隶，只能表现为“商品”“交换价值”的形式，借助于工资可以确定，“他的活动不是他的人的生命的自由表现，而无宁说是把他的力量售卖给资本，把他的片面发展的能力让渡（售卖）给资本”[①]。

这里，马克思揭示了交换价值、资本工资、“劳动”的内在关系，并再次指出了工人劳动的异化——工人活动不是自身生命的自由表现，只是把片面的发展能力让渡给资本，这一切皆由于资本主义的私有制所致。马克思特别强调指出，私有财产只能由工人的活劳动创造出来，并且活劳动自身也是一种私有财产。私有财产作为物化的劳动，不仅仅只是物质状态，也是一种活动的状态，反对私有财产，尤其要反对其作为劳动的形式。李斯特等认为，存在没有私有财产的劳动，谈论自由的、人的、社会的劳动，是与现实的真实情况相背离的谬谈。因此，“劳动”按其实际存在的本质来说，是非人的、非社会的，被私有财产所控制的，并且创造私有财产的活动。废除私有财产只有被理解为废除“劳动”的时候，才能成为现实。[②] 马克思指出了“劳动”与私有财产的内在关系，通过废除

① 《马克思恩格斯全集》第42卷，第254页。
② 《马克思恩格斯全集》第42卷，第255页。

“劳动”，方可以废除私有财产，这里的“劳动”就是工人的异化劳动，不仅承载着作为生产力意义上的活动，还承载着生产关系意义上的异化活动。废除“劳动”的潜在内涵就是废除资本主义的生产关系。马克思还指出，废除“劳动”，必须通过切实的社会的物质活动来完成，而不能是主观领域的观念的活动。

（三）李斯特唯心主义地理解生产力的企图——主张关税保护、反对自由贸易

李斯特的自由贸易仅限于国内，资本家按劳动价值理论确定工人的工资，把工人变成了交换价值，从而对工人进行疯狂的资本主义剥削活动。但在国际贸易中，大讲民族尊严，依赖于国家的关税保护政策，否认商品交换遵循的价值规律。马克思批判了李斯特的荒谬，并通过资本主义经济关系的非民族、非国家的社会性质，指出了作为两大对立阶级——资产阶级和无产阶级的民族性问题。马克思认为，工人的国别与地域的差别不影响工人的民族性，劳动与自由的售卖才是工人民族性的本质。而作为有产者的趋利和对无产者的剥削之惯性，决定了资产阶级的民族性，这一点决定了资产阶级在国内是针对无产阶级的，在国外是针对其他国家的资产者的。在资本主义经济条件下，工人的民族性是不受国界的限制的，其民族性就是阶级性——自我售卖和被奴役的命运，资产阶级的民族性在国内表现为对无产阶级的剥削，在国外表现为对他国资产者的竞争。

资本对利润追逐的无限性，决定了它会越过任何国界和海关的阻挡，李斯特幻想通过关税保护实现和外国资产者的竞争，是违背了资本的天性，是德国资产阶级的幻想。资本的竞争规律决定它必然征服德国，和资本主义世界连成一片。马克思写道，“在国内自我售卖的必然结果就是在国外售卖”；但国外的竞争未必能和国内一样顺利；外国政府不会同其国内政府一样屈服于它的

售卖。[①] 马克思指出，德国要想摆脱外国资本对自己民族工业的统治，只有彻底根除资本主义私有财产的关系，而不是乞求于关税保护。马克思在对李斯特交换价值的批判中，初步揭示了资本主义经济的核心概念——私有制及其导致的资本主义社会中的两大对立阶级的存在，为生产方式概念的形成做了思想上的铺垫。

（四）马克思对生产方式的内在矛盾运动的初步揭示

这一工作是通过剖析资本主义工业的双重意义来完成的。马克思从生产力和生产关系两方面分析资本主义工业的内在矛盾运动，虽然字面上未使用生产力和生产关系两个概念，但从表述的意思上可以看出，作为生产力和生产关系两方面的内在矛盾运动，隐含于资本主义工业的内部。

对于工业作为生产力内涵的解读。马克思认为，在撇开资本主义工业性质的前提下来考察工业，工业就是生产力。这样的工业远离了肮脏的买卖利益，超然于当前工业所处的历史环境。这种超越现实条件的理想化的工业，使得人类第一次以非异化的形式占有自身和自然的力量，为自己创造真正理想的生活条件。马克思接着对这种仅仅从生产力的角度理解工业，即撇开资本主义性质的前提下来理解工业，就会忽视隐含在工业中的重要因素。把当前从事工业活动的环境抛开不予理睬，那么，所能认识到的工业，就远离了工业的真实存在，倒不如说是研究者没有意识到或者不愿意认识到的违背工业意志的力量，这种力量消灭工业并为人的生存奠定基础。[②] 仅仅从生产力的角度考察工业，就忽视了违反工业的意志，但实际地存在于工业中的力量，这种力量就是束缚生产力、阻碍其发展的生产关系，表现为成长中的无产阶级忍受不了资本家的剥削，必然

① 《马克思恩格斯全集》第42卷，第256—257页。

② 《马克思恩格斯全集》第42卷，第257页。

奋起反抗，挣脱锁链，争取自由的生存环境。对此，马克思这样写道，对工业中存在着的违反工业意志的力量的判断，意味着铲除这种使人异化的工业的时刻到了，或者说，废除把人变为奴隶的物质条件和社会条件的时刻到了。[①]

工业作为生产关系内涵的解读。由马克思对生产力的巨大力量的强调上，反观出束缚生产力发展的生产关系的事实存在，这可以从马克思的以下叙述中得到说明，如果把违反工业意志而无意识地创造的生产力归功于现代工业，这里暗含着反抗资本主义生产关系的积极力量的积蓄，把工业同废除工业后的巨大力量混淆起来，将会造成严重的结果。[②] 这里的“现代工业”及其之后的“工业”就是资本主义的生产关系。把生产力等同于生产关系的结果，正像资产者想把他的“工业创造出无产阶级，创造出由无产阶级所体现的新的社会制度的力量归功于自己一样，是荒谬的”[③]。

马克思接下来再次在把工业等同于生产关系的意义上，阐述了两大对立阶级的矛盾，并认为无产阶级作为新生的解放力量，必然会挣破禁锢在他们身上的锁链——资本主义生产关系，改变自己作为资产者实现利润欲望的工具。“工业用符咒招引出来（唤起）的自然力量和社会力量对工业的关系，同无产阶级对工业的关系完全一样。”[④] 这里的工业就是指资本主义的生产关系，马克思在这里还特别突出地强调了生产力和生产关系的对立，生产力既指自然意义上的生产力（自然力量），也指成长壮大起来的无产阶级（社会力量）。生产力和生产关系的对立必然带来革命的爆发。马克思详细

① 《马克思恩格斯全集》第42卷，第258页。
② 《马克思恩格斯全集》第42卷，第258页。
③ 《马克思恩格斯全集》第42卷，第258页。
④ 《马克思恩格斯全集》第42卷，第258页。

叙述了作为新生力量的无产阶级的现状和未来革命的行动——打碎旧的资本主义生产关系和消灭资产者的存在。今天，这些力量不得不服从资本的奴役，仍然是资产者挣钱的机器；明天，它们会炸毁奴役它们的一切条件，把资产者连同只有肮脏外壳的工业一起炸毁掉。明天，它们还将炸毁使无产者生存异化的那种锁链。[①]

马克思对生产力与生产关系矛盾运动的阐明，是通过对生产力与生产关系的区分实现的。马克思批判了圣西门学派对生产力与生产关系两个概念不做区分的错误表现，他把工业唤起的力量同目前生存条件（工业创造的）混为一谈。接下来，马克思指出，打破工业羁绊的第一个步骤，就是摆脱支撑工业力量存在的那种金钱的锁链。[②]“这是向人发出的第一个号召：把他们的工业从买卖中解放出来，把目前的工业理解为一个过渡时期。……他们继续前进，向交换价值、当前的生活组织、私有制进攻。”[③] 这里马克思把作为生产关系的工业具体为“交换价值”“社会组织”“私有制”。对生产关系的理解更加具体化和直观化。

综上所述，在对生产力的理解上，李斯特的唯心主义立场是滑稽可笑的，马克思在对其批判中给出了关于生产力的科学解释，马克思在剖析资本主义工业内在矛盾的同时，分析了其中蕴含的两对矛盾的存在——生产力和生产关系的矛盾、无产阶级和资产阶级的矛盾，两对矛盾发展的结果，就是革命行动的诞生——无产阶级砸碎自身的锁链，赢得生存条件的改变。通过对马克思思想进展的梳理，我们可以看出他在一步步地接近市民社会概念的核心。

---

① 《马克思恩格斯全集》第 42 卷，第 258、259 页。

② 《马克思恩格斯全集》第 42 卷，第 259 页。

③ 《马克思恩格斯全集》第 42 卷，第 259 页。

## 第三节 马克思市民社会概念与唯物史观的完整表述

### 一 唯物史观的前提论述

马克思恩格斯写作《德意志意识形态》的目的在于彻底肃清两种哲学派别对工人运动及无产阶级解放事业的消极影响，一是德国思辨唯心主义的荒谬学说，二是费尔巴哈的直观唯物主义在历史领域的唯心主义对革命运动的不良影响。这从《关于费尔巴哈的提纲》中也可以看出，马克思集中批判了两种颇有影响的哲学流派——唯心主义及费尔巴哈的直观唯物主义。而要实现对上述两种派别的彻底批判，只有诉诸于唯物史观，而构建唯物史观内容的核心，就是市民社会概念的生成。

关于市民社会概念，马克思在1842年《莱茵报》时期的社会实践活动中涉及了国家与市民社会的关系，当时的市民社会只是作为资本主义社会的存在，到1845年，仅仅三年的时间，马克思的思想经历了巨大的变化。在《克罗茨纳赫笔记》中，马克思理解了所有制及阶级问题、代表制问题、人民主权问题这些涉及经济基础和上层建筑的基本内容；而《1844手稿》中对劳动异化的揭示，表现为劳动与资本的对立。这一矛盾是对于资本主义社会生产力与生产关系矛盾的最初表达。

这表明马克思在《1844手稿》中已经分析了资本主义的基本矛盾——生产力和生产关系的矛盾，并揭示了资本主义必然走向灭亡的历史命运，只是马克思没有以明确的语言集中阐述出来；在《神圣家族》中，针对鲍威尔等人的荒谬论断——精神是历史的发展动力，马克思提出了社会存在决定社会意识、经济基础决定上层建筑的唯物主义观点，并对这一历史唯物主义原理进行了阐述；在

《评弗里德里希·李斯特的著作〈政治经济学的国民体系〉》中，针对李斯特将生产力视作唯心主义范畴的观点，马克思强调了生产力的客观性，并对生产力和生产关系这对矛盾在资本主义社会中的表现，做出了具体的分析。这里，马克思还没有直接使用生产关系这一与生产力相对的概念，而是用“锁链”“工业”“交换价值”“私有制”“社会组织”这些概念指代生产关系。

而对于市民社会的理解，马克思也由最初的作为资本主义社会的笼统含义逐渐向具体化的内涵迈进，通过对资本主义生产方式内在矛盾的剖析，市民社会逐渐定位在生产关系这一内涵上，但是，对市民社会内涵做出明确界定的是在《德意志意识形态》中。市民社会被界定为生产关系的内涵之后，马克思就可以阐述其唯物史观的思想了，并合理地解释上层建筑等意识观念层次上的概念，也就可以在唯物史观的意义上，给予唯心主义和费尔巴哈的直观的唯物主义以彻底的批判。

马克思在阐述市民社会概念和唯物史观之前，需找到切入市民社会概念和唯物史观的突破口。马克思从人类如何获得解放入手，阐述了思辨唯心主义的荒谬和直观唯物主义在感性活动面前的无能为力，在此基础上，马克思的唯物史观呼之欲出。

德国思辨唯心主义哲学家认为现实世界是观念世界的产物，观念、思想、概念是人们的真正枷锁，是观念世界导致了人们现实世界的苦难，只要对观念世界进行批判，就可以消除现实世界的苦难。对此，马克思恩格斯反驳道，用思辨唯心主义改变意识，实则是用一种解释方式来替换另一种解释方式，尽管青年黑格尔派思想家满口讲的都是“震撼世界”的词句，但他们“只为反对‘**词句**’而斗争”[①]，如果他们把人只是从这些词句的统治下解放出来，那

① 《马克思恩格斯文集》第1卷，第516页。

么，人的解放并没有前进一步。[①]

针对唯心主义哲学家依靠对于观念的批判来解放世界，马克思恩格斯认为，真正的解放应立足于历史的关系，其是由现实的工业、商业、农业的发展状况促成的，不是依靠单纯的思想活动完成的。所以，“对**实践**的唯物主义者即**共产主义**者来说，……实际地反对并改变现存的事物”[②]。马克思、恩格斯对改变事物的现状的物质基础做出了归纳：没有蒸汽机等就不能消灭奴隶制……当人们还不能使自己的吃喝住穿在质和量方面得到充分供应的时候，人们就根本不能获得解放。[③]

马克思批判了两种唯心主义思潮，一种是主张我意识决定一切的青年黑格尔派思想，另一种就是费尔巴哈主张的历史观上的唯心主义。费尔巴哈标榜的直观唯物主义看不到现实的、历史活动中的人，他眼中的人仅限于生物性的、基于理想主义之上的友爱的人，他看不到阶级差别、看不到现实中异化的人，只是出于爱的宗教基础上的人和人之间的爱的幻想。对此，马克思批判道，费尔巴哈虽然把人看作“感性的对象”，但是他的“感性的对象”不是建立在实践（“感性活动”）的基础上的，因此，看不到“感性活动”对于他的生存以及对于他的直观能力的保障作用。因此，费尔巴哈视线中的人，只能是远离社会存在的抽象的、非真实活动中的人，总之，不是“现实的历史的人”。爱与友情是费尔巴哈高度推崇的，但是这种远离现实的价值理想只能是虚幻的、非真实的存在。费尔巴哈不知道，真正的现实的社会关系，是探讨人与人之间关系的物质基础。[④] 费尔巴哈的村居生活使他远离了欧洲革命斗争的中心，

---

① 《马克思恩格斯全集》第 42 卷，第 368 页。

② 《马克思恩格斯文集》第 1 卷，第 527 页。

③ 《马克思恩格斯全集》第 42 卷，第 368 页。

④ 《马克思恩格斯文集》第 1 卷，第 530 页。

不了解现实社会中人们的现实生活。因此，费尔巴哈从来没有从共同的、活生生的、感性的活动入手来理解感性世界，也就不会在感性活动的基础之上理解现实社会中的人以及社会，而只能诉诸于“最高的直观”和“类的平等化”，求助于二重性直观——介于当前的存在和“本质”的统一。“眼前”东西的普通直观和看出事物的“真正本质”的高级的哲学直观之间。[①]

为此，马克思、恩格斯指出，费尔巴哈的唯物主义，只限于在自然基础上探讨自然的生物学意义上的人，当他去探讨社会历史的时就陷入了唯心主义。真正的唯物主义者是探讨社会领域中人的真实的、感性的生存状况的，并相信变革社会的实践力量。

在指出了唯心主义关于人的解放的荒谬观点和费尔巴哈对人的抽象理解之后，马克思给出了自己关于唯物史观前提的论述。马克思认为，物质生产活动是历史发生的前提，这是保障个人的肉体生命存在的条件，因此任何历史记载都从基于生命之上的人与自然的关系开始，这是符合历史发展规律的体现。历史还从人们在历史过程中的活动的变更出发。[②] 不难发现，马克思确立唯物观的前提，是有生命的个人的肉体存在，而在维持有生命的肉体的存在的途径上，费尔巴哈只看到了人与自然之间的物质交换关系，而马克思看到了人与动物不同的地方：人通过改造自然获取生活资料，人的存在在于人能动的改造活动。而费尔巴哈只看到等同于动物的人的本能需要，没有看到人的能动的活动，以及人的能动的活动带来的自然的变化。所以，马克思、恩格斯批判道，人们赖以生存的感性世界，是工业和社会发展的产物，是世世代代活动的结果。[③] 这种连续不断的感性活动和创造，是整个现存感性世界赖以存在和发展的

① 《马克思恩格斯文集》第 1 卷，第 528、530 页。

② 《马克思恩格斯文集》第 1 卷，第 519 页。

③ 《马克思恩格斯文集》第 1 卷，第 528 页。

基础。

马克思是从生产和交往两方面来理解感性活动的，生产作为感性活动的基本形式，其中必然伴随人与人之间交往关系的发生。人们不仅生产物质资料，也生产生命本身。马克思认为，人们最初的社会生活的基本关系，就是建立在物质生产活动基础上的。并进一步指出，影响各民族相互关系的主要因素，是每一个民族的生产力、分工和内部交往的发展程度。即便是民族本身的内部结构，也受到生产以及内外部交往程度的影响。分工的程度决定着一个民族的生产力发展水平的高低。①

生产力的水平决定着交往形式的不同，交往形式主要通过分工体现出来，而不同阶段分工的差异又表现为不同性质的所有制的差异。例如，部落所有制、古代公社所有制和国家所有制、封建的或等级的所有制。人类能动的活动是人类历史得以建立的基础，以一定方式进行生产活动的一定的个人，发生一定的社会关系和政治关系。社会结构和国家总是从一定的个人的生产与生活过程中产生的。②

## 二 寓于唯物史观中的市民社会概念的明确表述

支撑起唯物史观的核心概念是市民社会，市民社会是唯物史观的中间链条，起到中间的连接作用，但反过来说，市民社会概念的清晰呈现也只有通过唯物史观才能完成，因此对于二者的表述必然表现为合二为一的思想展现。市民社会概念是呈现于唯物史观的逻辑框架中的，对唯物史观的揭示，也就是市民社会概念的呈现。

唯物史观的逻辑结构在《德意志意识形态》中得到完整表述，

---

① 《马克思恩格斯文集》第1卷，第520页。

② 《马克思恩格斯文集》第1卷，第523—524页。

它是马克思长期以来一直在探讨并力求解决的思想难题。从《莱茵报》时期对于国家与市民社会关系的困惑，到1845年对此问题的彻底明晰，经历了复杂而又艰难的探索历程，但在这一思想推进的过程中，基本上围绕着市民社会这一概念而展开，如关于所有制问题的探讨、关于异化问题（生产力和生产关系的矛盾）的剖析、关于生产力与交换价值（生产关系）的矛盾、关于经济基础决定上层建筑等一系列核心问题的突破为马克思的唯物史观的诞生准备了坚实的思想铺垫。

唯物史观的逻辑框架表现为生产力—生产关系（经济基础或市民社会）—上层建筑这样一条逻辑链，对于这三者的内在关系，马克思已做出了分别论述，但均是分布在不同时期的不同著作中，直到《德意志意识形态》问世，马克思才将基于市民社会概念基础上的唯物史观的内容初次表述出来。

（一）对生产力范畴的剖析

马克思剖析了生产力的范畴，对生产力范畴的剖析也是在人的活动中展开的，人为了生存，需要衣、食、住等生活资料消费品，而人类不同于动物的地方，在于人类从早期的靠天（从自然界直接获取食物）吃饭到后来依靠自身的能动性改造自然，获取生存的资料。在人类改造自然的过程中，不单单是人类肢体与自然发生直接接触，人类的智慧使人类发明智能化的工具，以便更好地改造自然，获取生活资料，所以，人类的生产包括两方面的内容——生活资料的生产和生产工具的生产。这是生产全部历史的最基本条件。而在人类改造自然的过程中，必然伴随人与人之间关系的发生，而人类之间的最初关系表现为性关系，即生命的生产。马克思认为“这种家庭起初是唯一的社会关系”①，“社会关系的含义在这里是

① 《马克思恩格斯文集》第1卷，第532页。

指许多个人的共同活动”[1]。

社会某一时期的工业生产方式，是由这个阶段的共同活动方式决定的，这种共同活动方式被称作“生产力”。生产力对人类社会的发展起到根本的、决定性的作用：“人们所达到的生产力的总和决定着社会状况”，而“人类的历史”是建立在工业和交换发展基础上的。[2] 这样，从人类的生命存在推出人类的物质生产活动，物质生产活动方式构成了生产力，从这里，我们看出：生命的生产活动、物质的生产活动、生产力及其与之相伴的社会关系构成了历史关系的四个因素。对于承载着人的发展的历史关系，除了上述四个因素外，马克思还发现了人的另一重要因素，其表现为意识和语言。马克思认为，“纯粹”的意识是不存在的，意识必然受到物质的纠缠，物质表现为震动的空气层、声音，简言之，即语言。语言和意识一样，是在人类实践活动中产生的，是社会历史发展的产物，是人们在生产活动中、在交往过程中为相互传递信息、表达彼此意见而产生的。

### （二）对生产关系范畴的剖析——交往形式与国家

马克思对生产关系的阐释，当然，马克思在最初的文本中还没有明确地使用生产关系这一概念，而是用交往形式来代替的。在给出市民社会这一概念之前，马克思对交往形式出现的条件给予了合理的分析。在前面论述唯物史观诞生前提的时候已引出了分工这一重要概念。交往是生产活动的前提，而交往的形式是由生产力水平决定的。交往形式主要表现为分工。马克思区分了自然产生的分工和真实的分工，并指出，真实的分工在现实社会中的直接表现是不同的劳动、不同的角色由不同的人来承担，导致生产力、社会状况

---

① 《马克思恩格斯文集》第1卷，第532页。

② 《马克思恩格斯文集》第1卷，第533页。

和意识彼此之间产生了矛盾。分工活动决定了分配方式，在分工、分配的基础上又生成了一个概念——所有制。马克思将分工和私有制置于人类活动的完整过程之上，这样，分工就指人类的活动，私有制是就活动的产品而言的。马克思甚至认为，分工和私有制是同义语。

马克思指出，只要分工是自发的，被强迫的行动，那么“人本身的活动对人来说就成为一种异己的、同他对立的力量，这种力量压迫着人，而不是人驾驭着这种力量”[①]。分工作为非自愿的行动，而是自发的甚至是被迫性的活动，这里的描述已暗含着交往形式（生产关系）的强制性的痕迹，强制性的分工带来了生产活动的异化，马克思对非自愿的分工的异化性质进行了揭示：固定化的非自愿的分工聚合为统治我们、不受我们控制的物质力量。[②]

当私人利益与公共利益之间的矛盾发展到一定程度时，作为代表公共利益的国家就会产生。国家以代表公共利益的面孔出现，而在事实上却明确地代表某个阶级的利益。在虚幻的共同体的国家形式中，不同的阶级为各自的利益演绎着不同的斗争。

强制性的分工带来了生产活动的异化（成为与人们的意志和行为背道而驰的力量），但生产力的发展，也为异化的消除准备了条件。生产力的发展，使交往成为社会发展的普遍形式。在普遍化的交往中，我们可以发现在一切民族中存在着一个特殊的群体，即“没有财产的”群众。普遍化的交往，使得“地域性的个人为世界历史性的、经验上普遍的个人所代替”。如果不这样，就会导致：“（1）共产主义就只能作为某种地域性的东西而存在；（2）交往的力量本身就不可能发展成为一种**普遍**的因而是不堪忍受的**力量**。”[③]

---

① 《马克思恩格斯文集》第 1 卷，第 537 页。

② 《马克思恩格斯文集》第 1 卷，第 537 页。

③ 《马克思恩格斯文集》第 1 卷，第 538 页。

(3) 消灭地域性的共产主义只能依赖于交往的扩大。共产主义只有在各民族同时行动的情况下，才可能是经验的，而这是以“生产力的普遍发展和与此相联系的世界交往为前提的”[①]。

共产主义理念在现实中表现为消灭现存状况的现实的运动。这种革命的运动是由现实的条件决定的。劳动与资本的对立、劳动力与资本的隔绝导致工人连满足生存的条件都被剥夺，工人的生活不稳定皆由竞争导致，这种竞争关系是以世界市场的存在为前提的。所以无产阶级和共产主义事业，只有作为“世界历史性的”存在才有可能实现。[②]

马克思从生产活动伴随的交往的存在引出分工的概念，而分工带来的个人利益与共同利益之间的矛盾，为国家的建立准备了条件，分工发达时期的国家只是代表虚幻利益的共同体，有着明确的阶级意图——为资产阶级服务。自发性的分工甚至是强迫性的分工，使生产活动背离了人们的意愿，但生产力的发展也为交往的普遍化、为被剥削民族在世界范围内的联合准备了条件，这就为无产阶级的解放提供了客观力量。马克思从对交往形式两种概况的分析上，看出交往形式由最初的作为消极成分的存在，最后成为生产力的障碍而被新的交往形式所取代，这时的分工就成为自愿性的分工(交往)。

### (三) 马克思的市民社会概念

基于上述的诸多分析，马克思给出了关于市民社会的定义：“受到迄今为止一切历史阶段的生产力制约同时又反过来制约生产力的交往形式，就是**市民社会**”。[③] 市民社会是全部历史的发源地和舞台。

---

① 《马克思恩格斯文集》第1卷，第539页。
② 《马克思恩格斯文集》第1卷，第539页。
③ 《马克思恩格斯文集》第1卷，第540页。

市民社会就是交往形式，人类历史活动，就是在既有生产力水平下，以及与该水平相适应的交往形式的基础上，进行的生产与生活的活动。交往形式要随着生产力的发展而不断改变自身的形式，否则，就会阻碍生产力的发展。对交往形式与生产力的这种张力关系，马克思作了具体的描述：

> 在整个历史发展过程中构成各种交往形式的相互联系的序列，各种交往形式的联系就在于：已成为桎梏的旧交往形式被适应于比较发达的生产力，因而也适应于进步的个人自主活动方式的新交往形式所代替；新的交往形式又会成为桎梏，然后又为另一种交往形式所代替。由于这些条件在历史发展的每一阶段都是与同一时期的生产力的发展相适应的，所以它们的历史同时也是发展着的、由每一个新的一代承受下来的生产力的历史，从而也是个人本身力量发展的历史。[①]

对于交往形式（市民社会或生产关系）与生产力之间的矛盾运动及在整个社会中的决定作用，马克思和恩格斯在《德意志意识形态》中作了精彩的描述。生产力与交往形式之间的矛盾运动是社会历史发展的动力。对于其他社会现象的合理解释，只能从生产力与交往形式之间的矛盾运动入手：“一切历史冲突都根源于生产力和交往形式之间的矛盾。”这种矛盾“每一次都不免要爆发为革命，同时也采取各种附带形式，如冲突的总和，不同阶级之间的冲突，意识的矛盾，思想斗争，政治斗争，等等”[②]。这里马克思和恩格斯指明了政治冲突、意识领域的斗争皆源于经济运动的矛盾。至此，

---

① 《马克思恩格斯文集》第1卷，第575—576页。

② 《马克思恩格斯文集》第1卷，第567—568页。

马克思以市民社会为基础的唯物史观的框架已形成：生产力决定交往形式（市民社会或生产关系），交往形式进一步地决定上层建筑领域的斗争。这里的上层建筑涉及阶级斗争、国家的政体、意识形态、思想观念。

马克思和恩格斯指出，交往形式的改变是通过分工和所有制的发展体现出来的。他们认为，生产力的发展带来分工的出现，分工分为自然分工和真实分工两种形式，自然分工作为分工的最初形式，指性行为的分工和生产中根据天赋的差异、偶然性等自发产生的分工；而真正的分工是，“分工只是从物质劳动和精神劳动分离的时候起才真正成为分工”，分工使精神活动和物质活动、享受和劳动、生产和消费由不同的人来分担，已成为现实。[①] 这样，真实分工带来的人的生存状态的差异及其对人的发展的束缚，成为社会发展的事实。

“分工的各个不同发展阶段，同时也就是所有制的各种不同形式。这就是说，分工的每一个阶段还决定个人在劳动材料、劳动工具和劳动产品方面的相互关系。”[②] 真正的分工又导致产品的不平等分配，产品的不平等分配催生了私有制。分工还造成了部门之间利益的差别和对立，分工引发了三大对立，即工商业与农业之间劳动的对立；城乡分离与利益的对立；工业和商业之间分离。[③] 私有制又导致不同阶级集团的对立。

私有制是伴随不平等的产品分配（分工带来的）而来的，当一个人多余的产品累积到一定的数量时，就可以改变其身份，自己不劳动，凭借手中的财产成为剥削他人的剥削者。私有制产生以后，虽然生产力的发展伴随着市民社会这一交往形式的存在，但“市民

① 《马克思恩格斯文集》第1卷，第534—535页。

② 《马克思恩格斯文集》第1卷，第521页。

③ 《马克思恩格斯文集》第1卷，第520页。

社会”这一用语是在18世纪产生的，指代资本主义社会的一种新的财产关系。随着资本主义经济的发展，市民社会的含义也在不断发生变化，后来指从生产和交往中发展起来的社会组织，市民社会是国家和上层建筑建立的基础。

对生产力与生产关系（交往形式或市民社会）作了一般性的介绍后，马克思继续分析到，工场手工业是资本主义生产方式的最初表现，早期的工场手工业促进了资本主义生产力的发展。随着生产力的发展，国内市场满足不了资本家销售产品的需要，资本家将目光转向了国外，世界市场得以形成。建立在精细分工基础上的社会化大生产，要求在全社会按比例配置资源，但是资本主义私有制的存在，无法满足在全社会范围内进行资源的有效配置，而只有依靠市场价格的高低片面地分配各种商品的生产，这就导致了社会化的大生产和资本主义私人占有制之间的矛盾，另外，资本家对利润的无止境追求和对工人的残酷剥削，也导致了资本主义不断扩大的生产与劳动人民购买力缩小之间的矛盾，这种矛盾发展到极端，经济危机的爆发成为必然。马克思对上述内容之间的逻辑关系及其后果作了归纳，资本主义生产力的发展难免不会出现这样的阶段：资本主义交往手段严重地阻碍生产力的发展，给人类发展带来巨大的灾难。与此同时还产生了一个承担社会的一切重负的阶级，这个阶级必须产生彻底革命的意识，即共产主义的意识。[①]

马克思和恩格斯从资本主义生产方式的内在矛盾中，得出了资本主义制度必然灭亡的结论，即资本主义私人占有制适应不了社会化大生产的要求，由此产生了一个革命的阶级，由它承担资本主义掘墓人的历史使命。

（四）社会存在决定社会意识

在对资本主义的市民社会这一特有的概念作了深刻的剖析之

① 《马克思恩格斯文集》第1卷，第542页。

后，马克思和恩格斯还对社会的另一现象——社会意识的来源作了唯物的解释。他们认为，探究想象、思维、精神交往的来源，不能在意识范围内寻找，只能从人们的物质行动和交往的真实状况入手。“意识在任何时候都只能是被意识到了的存在，而人们的存在就是他们的现实生活过程”[①]，因此，得出生活或存在决定意识（《德意志意识形态》）。存在决定意识，意味着意识要随着存在的发展而发展：“发展着自己的物质生产和物质交往的人们，在改变自己的这个现实的同时也改变着自己的思维和思维的产物。”[②] 物质生产不可能是单个人的产物，而是联合起来的人们的共同活动，所以生产活动的这种特性就决定了意识一开始就是社会的产物，是现实社会关系的反映。对意识的批判不能局限于对意识形式本身的批判，而要批判其产生的现实条件。

对此，马克思和恩格斯指出，消灭意识形式的唯一途径，只能是实际地推翻现实的社会关系。[③] 此外，马克思和恩格斯还指出，在阶级社会中，只有在物质资料的生产上占据统治地位的阶级，才有权力决定精神的生产。“统治阶级的思想在每一时代都是占统治地位的思想。”[④] 无产阶级的思想，自然也以社会发展的现实存在为基础，是对自身悲惨现实生活的揭露，以推翻现实的使其异化的社会存在为旨趣。历史上周期性地发生的革命震荡能否成功，取决于引发变革的物质因素是否已经成熟。[⑤]

（五）国家与法同市民社会的关系

关于国家与市民社会的关系，马克思和恩格斯认为，国家是为解决利益分配矛盾而产生的。分工的发展不仅带来了个体不同角色

---

① 《马克思恩格斯文集》第1卷，第525页。
② 《马克思恩格斯文集》第1卷，第525页。
③ 《马克思恩格斯文集》第1卷，第544页。
④ 《马克思恩格斯文集》第1卷，第550页。
⑤ 《马克思恩格斯文集》第1卷，第545页。

利益上的差异，还产生了个人利益和公共利益之间的矛盾，为了解决这一矛盾，国家应运而生，尽管国家只是在形式上解决这一矛盾。资本主义社会中，国家以共同利益的面孔出现，而实质上是代表着统治阶级的利益，因此，资本主义性质的国家只是虚幻的共同体。对此，马克思和恩格斯指出，国家是统治阶级的各个人借以实现其共同利益的形式，国家是一种虚幻的共同体，在虚幻的形式下，进行着各个不同阶级间的真正斗争。[①] 国家作为虚幻的共同体，在表面上（法律）声称代表全体人们的利益，而实质上是维护统治阶级利益的工具。那么，作为统治阶级在最初是如何获得统治地位的呢？马克思和恩格斯认为，力图获得统治的阶级，必须首先夺取政权，而这以声称自己代表大众的利益为前提，统治阶级在最初不得不如此做。

因此，“国家不外是资产者为了在国内外相互保障各自的财产和利益所必然要采取的一种组织形式”[②]，而法律，只是“现存的所有制关系是作为普遍意志的结果来表达的”[③]。既然在阶级社会中，国家和法是都是维护统治阶级利益的工具，那么，作为被统治的阶级如何挣脱被统治的枷锁？马克思和恩格斯作了分析。他们认为，在无产阶级形成之前，社会上被统治的现象是不可能被消灭的。那么，作为反对统治阶级的这一特殊阶级——无产阶级，就自身的发展条件来说，是否存在革命的客观力量呢？马克思和恩格斯认为，分工中的个人重获驾驭物质力量，并通过消灭分工就可以消灭因分工带来的利益差别。

而个人驾驭物质力量只有在共同体中才能进行。“在控制了自己的生存条件和社会全体成员的生存条件的革命无产者的共同体

---

① 《马克思恩格斯文集》第 1 卷，第 584、536 页。

② 《马克思恩格斯文集》第 1 卷，第 584 页。

③ 《马克思恩格斯文集》第 1 卷，第 585 页。

中……它是各个人的这样一种联合（自然是以当时发达的生产力为前提的），这种联合把个人的自由发展和运动的条件置于他们的控制之下。”[1]

（六）唯物史观的最初表述

在对市民社会概念作全方位的综合分析之后，马克思和恩格斯对唯物史观的基本原理进行了精彩叙述：

> 从直接生活的物质生产出发阐述现实的生产过程，把同这种生产方式相联系的、它所产生的交往形式即各个不同阶段上的市民社会理解为整个历史的基础，从市民社会作为国家的活动描述市民社会，同时从市民社会出发阐明意识的所有各种不同的理论产物和意识形式，如宗教、哲学、道德等等，而且追溯它们产生的过程。[2]

从他们的叙述中，我们看出了唯物史观的基本框架：生产力—市民社会（交往形式或生产关系）—意识形式。市民社会处于有机链条的中间环节，在涉入社会实践之初，马克思带着对市民社会与国家关系的迷惑，走上了艰难而曲折的探索之路，从最初的对市民社会这一概念，只是从一般唯物主义的视角，得出市民社会决定国家的结论，发展为对市民社会概念进行内部层次的剖析，并把这一概念置于社会有机系统中。基于上述唯物的、历史的分析，不难理解市民社会为何成为决定国家的力量，以及理解各种意识形态及其价值观的差异。对意识形态的批判，只有找到产生这种意识形态的物质基础及市民社会的性质，并对其作物质的批判，即铲除这种滋

---

① 《马克思恩格斯文集》第1卷，第573页。
② 《马克思恩格斯文集》第1卷，第544页。

生意识的现实条件，才能消除异于进步阶级的意识形态。

至此，在市民社会概念基础上的唯物史观形成后，马克思可以合理地解决在《莱茵报》做撰稿人时的种种疑惑，如关于“普鲁士的书报检查制度”、关于国家与法的关系等。书报检查制度只不过是统治阶级限制异于统治阶级观念的言论出现的手段，表面上是观念的争论，实质上是利益冲突的斗争。市民社会的性质决定了占统治地位的观念的性质。思想从来也离不开物质的纠缠。为此，马克思看到了唯物史观与唯心史观的对立：这种历史观和唯心主义历史观不同，是始终站在现实历史基础上的，从物质实践出发来解释观念形态；意识的一切形式和产物，只能通过实际地推翻这一切唯心主义谬论，所由产生的现实的社会关系，才能把它们消灭；历史的动力以及宗教、哲学和任何其他理论的动力是革命，而不是批判。①

## 三　马克思的市民社会概念与唯物史观

### （一）市民社会概念：马克思与黑格尔的分歧

马克思和黑格尔一样，将市民社会理解为物质关系的总和。即便如此，对市民社会处于经济利益领域的认定上，马克思也表现了不同于黑格尔的理解，黑格尔把市民社会仅仅作为特殊利益，而有别于个人利益（家庭）和普遍利益（国家）。特殊利益的纷争，无法使个体实现自由的目标。因此需要代表普遍利益的国家进行司法干预以避免纷争和混乱的出现。在这个意义上，国家决定市民社会。

事实上，国家作为伦理实体发展的最高阶段，是普遍利益的代表，仅仅是黑格尔的理性设定。在现实生活中，马克思发现了不同

---

① 《马克思恩格斯文集》第1卷，第544页。

利益阶层之间的冲突及私人利益决定国家的事实。这一事实的发现，使马克思怀疑黑格尔的国家决定市民社会的理论，经费尔巴哈人本主义哲学的启迪，马克思看到了市民社会的基础地位，以及决定国家存在的事实。为此，马克思针对黑格尔的唯心主义进行了批判，“观念变成了主体，而家庭和市民社会对国家的**现实的**关系被理解为观念的**内在想像**活动。家庭和市民社会都是国家的前提，它们才是真正活动着的”[①]。从马克思的表述中，我们看出其理念就是黑格尔所指的伦理实体的最高阶段国家，国家（法）决定家庭和市民社会。

马克思对于市民社会概念的推进围绕两个层面展开，即确立市民社会在社会有机结构（唯物史观）中的位置，即表现为这样的一条逻辑链：生产力—生产关系（市民社会）—上层建筑。另一层面则是市民社会由最初的“普遍利益”逐渐向交往形式（生产关系）这一内涵迈进。但这两个层面的进展是紧密相连并相互支撑的。即唯物史观离不开市民社会（生产关系）这一环节，而市民社会作为生产关系或经济基础的内涵，也不能脱离唯物史观这一框架。因此，市民社会概念的生成就是唯物史观的呈现，而唯物史观的呈现就是市民社会概念内涵的系统表述。下面就这两个层面分别作简单综述。

### （二）市民社会概念在唯物史观中位置的逐步确立

《克罗茨纳赫笔记》虽然显示马克思发现了市民社会（经济基础）对上层建筑的决定作用。但是，当时的马克思还没有形成市民社会（经济基础）决定上层建筑的观念。而只是发现了所有制关系同政治关系的联系。这一发现是马克思在研读不同时代（古代社会、封建社会及新兴的资本主义社会）所有制的形式及其对政治影

① 《马克思恩格斯全集》第3卷，第10页。

响的情况下完成的。所有制对政治甚至社会的影响表现在：军事制度和所有制之间的联系、被选举权和所有制之间的联系、统治与奴役问题与所有制之间的联系等。马克思从没有财产的人被剥夺选举权的史实上，看到了所有制对政治的决定作用。同时，马克思还发现阶级特权仅限于极少数的大土地拥有者。因此，马克思得出了经济基础决定上层建筑的结论。

在《1844 手稿》中，马克思揭露了资本主义私有制的恶果，其造成了人的本质的异化，马克思还洞悉到资本主义社会的病症，即自身无法克服的矛盾及其后果。"劳动和资本的这种对立一达到极端，就必然是整个关系的顶点、最高阶段和灭亡。"[①] 马克思对劳动异化的揭示暗含着生产力与生产关系的矛盾，并看到了这种矛盾的不可克服性，而这完全是私有制造成的。

《1844 手稿》不仅有上述的思想推进，还潜在地得出了经济基础决定上层建筑的结论。马克思通过对三个层级概念之间关系的分析，得出了上述结论。这三个层次概念的逻辑关系表现为生产运动—私有财产运动—宗教、国家、法、道德等。私有财产的运动是生产运动的感性表现，是人的实现或现实。宗教、国家、法、道德、科学、艺术等等，都受生产的普遍规律的支配。[②]

在《神圣家族》中，马克思和恩格斯已初步形成了历史唯物主义的重要观点，如社会存在决定社会意识，物质生产方式决定历史的发展。在《评弗里德里希·李斯特的著作〈政治经济学的国民体系〉与物质生产方式的内在矛盾》中，马克思又形成了三个重要观点，它们均是唯物史观的构成内容：一是关于生产力客观性；二是资本主义生产方式内在矛盾的不可调和性；三是两大对立阶级斗争

① 马克思：《1844 年经济学哲学手稿》，第 67 页。

② 《马克思恩格斯全集》第 42 卷，第 121 页。

的必然性。

有了上述思想的铺垫，马克思在《德意志意识形态》中给出了关于市民社会的定义，一定阶段的生产力水平决定的交往形式（分工的等级差别）就是市民社会，并在市民社会概念的基础上丰富了唯物史观的内容：生产力发展水平决定的交往形式，即市民社会是一切历史的基础，要在这个基础之上考察意识形态的性质。

（三）市民社会概念在马克思不同时期著作中的含义

在唯物史观生成之前，市民社会概念是马克思著作中出现频率最高的一个概念，原因在于马克思认为历史发展过程之谜在“市民社会”之中，但除了在《德意志意识形态》及其之后的著作中，市民社会是作为“交往形式”“生产关系”“经济基础”这样的确定的含义出现的。但在《德意志意识形态》之前即唯物史观形成之前，市民社会基本上是作为“物质生活关系总和”、资本主义社会、私人利益等含义出现的。

苏海龙先生在《马克思市民社会概念的历史演变》一文中，根据马克思不同时期文本的表述对市民社会的不同含义进行了归纳：“生产的普遍规律”“现代国家的基础”“交往形式”“物质生活关系的总和”，并给出了相应的文本证明。前两种含义是相对于宗教、法、道德等意识形式而言的，市民社会具有基础的作用。如对作为“生产的普遍规律”的描述：私有财产的运动，作为生产运动的感性表现，是人的实现或现实。宗教、家庭、国家、法、道德、科学、艺术等都受生产的普遍规律的支配。①

而对于“现代国家的基础”，马克思的理解是这样的：“正如古代国家的**自然基础**是奴隶制一样，**现代国家**的**自然基础**是市民社

① 《马克思恩格斯全集》第42卷，第121页。

会以及市民社会中的人。”[①] 以上的叙述都隐含着经济基础决定上层建筑。

在《德意志意识形态》中，马克思直接给出了对于市民社会的明确定义：“受到迄今为止一切历史阶段的生产力制约同时又反过来制约生产力的交往形式，就是**市民社会**。”[②] 市民社会是全部历史的发源地和舞台。马克思在《〈政治经济学批判〉序言》中指出：法的关系和国家的形式一样，它们根源于物质的生活关系，黑格尔将物质生活关系的总和，概括为“市民社会”。[③] 真正的市民社会，是随着资产阶级的发展而发展的，市民社会是直接从生产和交往中发展起来的社会组织的名称，在一切时代，这种组织都构成国家的基础以及任何其他观念的上层建筑的基础。[④]

（四）马克思唯物史观的再次表述

马克思在《德意志意识形态》中给出了对于唯物史观的最初描述，但这里的市民社会就是交往形式，马克思还没有用生产关系这一现在通用的概念称呼之，在1859年的《〈政治经济学批判〉序言》中，马克思给出了对于唯物史观的新描述：

> 我所得到的，并且一经得到就用于指导我的研究工作的总的结果，可以简要地表述如下：人们在自己生活的社会生产中发生一定的、必然的、不以他们的意志为转移的关系，即同他们的物质生产力的一定发展阶段相适合的生产关系。这些生产关系的总和构成社会的经济结构，即有法律的和政治的上层建筑竖立其上并有一定的社会意识形式与之相适应的现实基础。

① 《马克思恩格斯全集》第2卷，人民出版社1957年版，第145页。
② 《马克思恩格斯文集》第1卷，第540页。
③ 《马克思恩格斯文集》第2卷，第591页。
④ 《马克思恩格斯文集》第1卷，第582—583页。

> 物质生活的生产方式制约着整个社会生活、政治生活和精神生活的过程。不是人们的意识决定人们的存在，相反，是人们的社会存在决定人们的意识。社会的物质生产力发展到一定阶段，便同它们一直在其中运动的现存生产关系或财产关系（这只是生产关系的法律用语）发生矛盾。[①]

这里马克思明确地表述了生产力与生产关系的矛盾运动，并进一步以生产关系为前提，阐明了上层建筑及其所属的意识形式对生产关系（经济结构）的依赖性，这样，唯物史观或者说社会有机结构又一次被明确地表述出来。这是对于历史之谜的解答，也是对于市民社会决定国家的唯物的历史的解读。

（五）马克思经典文献中两次关于唯物史观表述的实质差异

马克思在1845—1846年完成的《德意志意识形态》和1859年完成的《〈政治经济学批判〉序言》中均做出关于唯物史观的论述，两次表述有何实质差异呢？两次表述相距近15年，在近15年的时间里，马克思通过对“资本主义生产方式以及和它相适应的生产关系和交换关系”的研究，实现了对“现代社会的经济运动规律”[②] 的初步揭示。在《德意志意识形态》中马克思对唯物史观的理解仅仅做到了知其然——交往形式成为生产力发展的桎梏，通过《政治经济学批判（1857—1858年手稿）》的技术论证与理论升华，在1859年的《〈政治经济学批判〉序言》中，马克思对唯物史观的理解做到了知其所以然——生产关系成为生产力桎梏的原因。马克思通过对较为成熟的经济形态即资本主义社会经济运行的剖析，揭示出资本主义社会自身存在无法克服的矛盾，粉碎了庸俗经济学

① 《马克思恩格斯文集》第2卷，第591页。

② 《马克思恩格斯文集》第5卷，人民出版社2009年版，第8、10页。

家把资本主义生产关系视作永恒的幻梦，也对普适意义上的唯物史观给出了科学性的论证和归纳。他在其后的《政治经济学批判(1861—1863 年手稿)》中对资本主义社会不可克服的矛盾带来的经济危机做出了详细论述。

我们熟知的生产力、生产关系、经济基础、上层建筑等建构唯物史观的重要概念，在马克思对于唯物史观的初次描述（见于《德意志意识形态》）中，并没有呈现出来。但在后来的著作，如《哲学的贫困》《共产党宣言》《雇佣劳动与资本》中，马克思将生产力与交往形式间的矛盾，直接表述为生产力与生产关系之间的矛盾。马克思在《资本论》中，通过对资本主义生产方式的研究实现了对“现代社会的经济运动规律”的揭示。“现代社会的经济运动规律”可简括为生产力与生产关系的矛盾运动。事实上，马克思早在《1844 手稿》中就直观到劳动与资本的对立、“异化劳动”与“私有财产”的对立并在其后的著作中抽象为生产力与生产关系之间的矛盾，这一对矛盾如何获得直觉明证性，需要马克思“转向对资本主义经济运行机制的研究”。《马克思政治经济学批判(1857—1858 年手稿)》和《马克思政治经济学批判（1861—1863 年手稿)》奠定了《资本论》的主要框架，两部手稿基本上完成了对唯物史观的科学论证。

首先，马克思的劳动二重性学说是理解马克思政治经济学的枢纽。劳动二重性，即在创造商品过程中同一劳动表现出来的两种不同的劳动形式——具体劳动和抽象劳动，抽象劳动创造了商品的价值，基于劳动量基础上的价值量是借助时间来衡量的。资本家在劳动力市场上，购买到工人劳动力这种特殊的商品，特殊的原因在于，生产资料是死的，只会被等价地转移到商品中。而唯有工人的活劳动才能创造价值。工人在劳动过程中，不仅仅创造出自己的工资，还创造了被资本家无偿占有的剩余价值。这就是资本家发财致富的秘密。无论如何，资本家进行生产的目的，就是要实现手中货币的增殖，增殖后的货币就成了资本。资本逐利的天性决定资本家会把手中的剩余价值不断地进行扩大再生产。

其次，资本主义社会生产关系成为生产力的桎梏。资本主义生产的界限表现为四点：第一，“必要劳动是活劳动能力的交换价值的界限”。资本家不断地进行扩大再生产，但又不断地压缩工人的工资，工人仅得到维持自身需求的工资，很难实现哺育后代的愿望，这样，资本家很难购买到充足的劳动力（必要劳动）以实现其扩大再生产的需要。第二，“剩余价值是剩余劳动和生产力发展的界限”。在资本家看来，所有的生产必须以生产剩余价值为前提，否则是不会生产的，但是剩余价值的生产必须以整个社会的需要量为基础，尤其是以作为消费主体工人的购买力为界限，如果超过这个边界，生产出的产品将无法转化为货币，出现生产过剩。第三，“货币是生产的界限”。资本为了扩大市场，借助武力，把落后国家变为自己的殖民地，出现了宗主国和殖民地的对立，宗主国在殖民地推销自己的商品，可宗主国对殖民地的残酷剥削使殖民地手中的货币越来越少，无力购买宗主国的商品。第四，“使用价值的生产受交换价值的限制”。[①] 资本家生产的产品（使用价值）只有成为交换价值时才能是有效的生产，所以生产多少，取决于社会的总体需要量，超过这个界限，就是生产的过剩，但是，资本家分散占有生产资料的现状决定他们无法知晓社会的整体需求；另外，资本家的过度剥削决定着工人购买力的有限性。

最后，资本主义私人占有制无法满足社会化大生产的需要。马克思在阐述资本主义生产的界限时，基本上是从社会的购买能力和资本的无限扩张带来的高供给之间的矛盾入手的，特别强调资本家

① 《马克思恩格斯全集》第46卷（上），人民出版社1979年版，第400页。

对工人的剥削，低廉的工资把工人的消费限制在有限的范围内，资本的生产过剩成为必然。除了资本的扩张能力远远大于底层百姓的购买能力之外，资本主义的生产还存在着一对矛盾，生产力的发展带来分工的精细化，某一种商品的生产需要多个部门分工协作才能完成，这就需要各部门按比例分配资源，以防止出现某个部门生产过剩或不足的情况，但是资本主义私人占有制决定着生产资料被分散掌握在各个资本家手中，而不能从整个社会的角度实现对资源的宏观调控及各部门按比例地进行生产。资本家的分散生产无法满足社会化大生产的客观要求，一旦一个部门的生产出现过剩，就会出现牵一发而动全身的现象。①

马克思在《政治经济学批判（1861—1863 年手稿）》中对此做了详细的分析："由于棉布充斥而造成的市场停滞，会使织布厂主的再生产遭到破坏。这种破坏首先会影响到他的工人。于是，工人对于织布厂主的商品棉布和原来加入他们消费的其他商品来说，现在只在更小的程度上是消费者，或者根本不再是消费者了。"② 不是工人不需要棉布或其他消费品，而是他们没钱，是由于生产太多而导致的停工造成的。"棉布再生产的这种停滞还影响一批别的生产者：纺纱者、棉花商人（或棉花种植业者）、机器制造业者（纱锭和织机等的生产者）、铁和煤的生产者等等。"③

---

① 陆云：《〈资本论〉与马克思新哲学的构建》，《吉林大学社会科学学报》2017 年第 6 期。

② 《马克思恩格斯文集》第 8 卷，人民出版社 2009 年版，第 261—262 页。

③ 《马克思恩格斯文集》第 8 卷，第 262 页。

# 第四章

# 马克思哲学观的变革是曲折渐进的过程

## 第一节　关于马克思哲学观的多视角的解读

### 一　作为无产阶级解放的思想武器

理解马克思哲学观的首要条件，是必须将其与马克思的政治理想联系起来，而马克思政治理想从其中学时期的抱负和大学时代的博士论文中可窥一二。而通过对马克思思想发展过程的解读，我们得知马克思的政治理想也经历了从抽象到具体的发展过程，马克思在大学毕业之前的政治理想可简要归纳为人的自由发展目标的实现。而此时的马克思对自由的理解也是基于黑格尔的理性国家观的设计，待马克思参加社会实践（《莱茵报》的撰稿人乃至主编）之后，马克思才把人的自由与现实的物质生活联系起来。他蓦然发现，黑格尔基于理性设计基础上的自由问题，在现实的利益面前成为虚幻的泡影。理解人类历史发展过程之谜的钥匙，只能到市民社会中寻找。

此时的马克思在哲学观上经历了一次重大的转变，即从黑格尔的唯心主义国家观转向唯物主义的国家观，把政治理想落实到现实的利益关系之中，但是此时的市民社会在马克思的视线中，只是作为一般意义上的唯物主义的含义而出现的，市民社会为何成为决定国家的力量呢？解决了这个问题，就可以对国家的性质做出唯物主义的解读，即市民社会的性质决定国家的性质，而市民社会的性质取决于占有生产资料阶级的性质，全体人民占有生产资料还是少数剥削者占有生产资料，前者决定国家代表全体人民的利益，后者决定国家只能代表少数剥削者的利益。知晓了其中的逻辑联系，就可以为人的自由的实现寻找革命的道路。

这些问题在当时的马克思的脑海中是没有答案的。通过解读世界历史、政治，马克思在一系列令其困惑的问题上取得了突破性的进展，如关于所有制问题、阶级特权问题、代表制问题、人民主权问题，这些作为经济基础和上层建筑核心内容的问题，马克思从历史发展中找到了答案，大土地拥有者享有阶级特权，代表制和人民主权对于无产者来说，只是一种法律规定的空头支票。马克思在其后对政治经济学的研究中，又有了重要的发现，其成果集中体现在《1844 手稿》中，手稿的重要内容是揭示了资本主义社会工人劳动异化的事实，这样马克思就把政治理想的实现进一步地具体化和历史化——无产阶级的解放。对工人劳动异化的揭示隐含着一对矛盾——生产力和市民社会（生产关系）之间的矛盾。这对矛盾还以另外一种面孔呈现出来，即劳动和资本的对立，马克思强调，劳动和资本的对立达到极端，就是整个社会关系的顶点、最高阶段和灭亡。这样，马克思就为无产阶级的解放找到了科学的道路，即资本主义社会生产自身存在的不可克服的矛盾，为无产阶级的解放找到了历史的必然性。

即便在《1844 手稿》中有了重大理论发现，但是马克思并没有将市民社会等同于生产关系，也没有将其置于社会有机结构（唯物史观的框架内）中，所以在方法论上并没有将人和社会的发展自觉地置于具体的历史发展之中，还时时受到费尔巴哈的抽象的类本质的影响，把理想的人看作现实的人，把现实存在的人看作抽象的人。这有待于马克思做进一步的理论研究。直到《神圣家族》，马克思才将人与社会的发展置于具体的历史之中，用实践观取代了异化观，用现实的历史中的人取代抽象的人。从《神圣家族》开始，马克思的思想取得了飞跃式的发展，直至在《德意志意识形态》中给出了市民社会的概念，市民社会概念的呈现意味着马克思唯物史观的生成，即社会有机结构的呈现，对于国家及其所属的意识形态的性质就有了唯物的历史的解释。马克思在破解历史之谜的同时，也为无产阶级的解放找到了科学的道路——推翻资本主义社会的生产资料私有制，建立人民共同占有生产资料的所有制，这样性质的所有制决定了国家必然是代表全体人民的利益，人的自由的发展就会由理想变为现实。

## 二 费尔巴哈和黑格尔在马克思哲学形成中的作用

在马克思哲学发展过程中，有两位重要人物是我们无法回避的，即黑格尔和费尔巴哈，在马克思的重要文献中多次见到二者的名字。而这两位人物对于马克思的影响不同于其他人物如鲍威尔、施蒂纳、蒲鲁东等，对于后者马克思坚决反对和拒斥，而对于黑格尔和费尔巴哈这两位哲学家，马克思既吸收了他们哲学中积极的东西，又坚决地批判了他们的唯心主义成分。

从马克思思想发展的过程看，马克思对于黑格尔经历了信服到颠倒的过程，即在目睹社会真实状况之前，马克思是通过黑格尔的唯心主义国家观来理解自由的实现问题的，即认为国家作为伦理实体发展的最高阶段，高于家庭、市民社会，理应代表全体人民的利益，因此是国家决定市民社会。但在作为《莱茵报》编辑乃至主编期间，马克思从来稿中看到了底层百姓生活的极度艰难，当百姓利益与少数有产者利益发生矛盾时，黑格尔认为作为普遍利益代表的国家的法律，总是站在少数有产者这一方，现实与黑格尔唯心主义国家观的理论出现了鲜明的反差。此时的马克思极度迷茫和困惑，但此时，费尔巴哈的两篇哲学短文为痛苦中的马克思拨云见日，指明了前行的方向。马克思在一般唯物主义的立场上，实现了对黑格尔唯心主义国家观的颠倒，得出市民社会决定国家的结论。

但此时的马克思并没有在彻底的意义上颠倒黑格尔的唯心主义国家观。原因在于马克思此时对于市民社会的理解仅仅落实到一般意义上的“物质生活关系的总和”，对于其在社会有机结构中所起到的重要作用，此时的马克思是无法理解的，所以马克思最初实现的对于黑格尔的颠倒并不是彻底意义上的，这有待于马克思对市民社会的进一步探究，经过研读世界历史、政治及经济学的艰辛积累，马克思终于知晓了市民社会在整个社会结构中的重要作用，也对其含义给出时代性的解读。马克思市民社会概念的生成，也宣告了马克思唯物史观的诞生，把市民社会置于社会有机结构中，就会对国家及其所属的意识形态性质给出唯物的历史的解释。这样马克思才能在彻底的、真正的意义上，实现对黑格尔的唯心主义国家观的颠倒。

费尔巴哈在马克思哲学发展的过程中起到重要的作用，但在马克思思想接近成熟之后，马克思意识到费尔巴哈哲学存在着无法克服的缺陷——社会领域的唯心主义，这种观点逐渐成为无产阶级解放事业的绊脚石。此时马克思的重要任务就是坚决地批判费尔巴哈。所以我们从马克思的相关著作中，看到了马克思泾渭分明的两种态度，即早期对费尔巴哈的高度赞扬（也有少许的不满）到后期彻底的批判。早期的马克思不仅文本风格显示着费尔巴哈的痕迹（《1844 手稿》），且在解读历史的方法论上采用了费尔巴哈的人本主义异化方法。对此，我们作如下的具体论述。

## 第二节 费尔巴哈人本主义哲学对马克思的影响

马克思思想成熟的标志为唯物史观的生成，并在唯物史观的基础上，建立了科学社会主义理论，人的自由发展目标由理想状态变为由科学理论指导的可以行动的方案。而马克思为了追求人的自由发展目标的实现，一生都在寻求人类解放的思想武器，在这一过程中，马克思既借鉴了前人的理论成果，并不断地同各种思潮作坚决斗争。马克思对费尔巴哈哲学的态度由最初的运用和赞赏转变为后来的坚决批判，这反映了马克思思想的成熟经历了艰难而曲折的过程。

在马克思哲学获得重大突破之前，马克思思想的点滴推进，是在费尔巴哈的人本主义哲学的包裹下完成的，用抽象的类本质作为人类自由实现的基准，把现实生活中的人的异化的存在视作非真实的存在，而把抽象的类本质视作人的真实的存在。这完全是因为马克思的市民生活概念还没有形成。《莱茵报》时期，在关于国家与市民社会关系的争论中，只是从一般唯物主义视角来理解市民社会的，而一旦形成了市民社会的概念，马克思就会在彻底的意义上完成对费尔巴哈的批判。所以我们说，马克思超越费尔巴哈的实质是马克思市民社会概念的生成。

而在市民社会概念生成的过程中，马克思的思想与费尔巴哈的人本主义哲学观交织纠缠，这说明马克思的思想与费尔巴哈的人本主义哲学存在着差异，但是马克思的早期思想带有费尔巴哈的人本主义的痕迹，这也是无法回避的事实。摒弃费尔巴哈的抽象的类，走出费尔巴哈人本主义哲学的王国，这一重大转折，直到市民社会概念的生成，才得以实现，所以探讨马克思的思想形成过程，就要探讨马克思的市民社会概念的生成过程。在《莱茵报》时期，马克思颠倒了黑格尔的唯心史观，确立市民社会决定国家的思想。但市民社会为何成为决定国家的力量，这是马克思要解决的重大理论问题。

市民社会为何成为决定国家的力量呢？这是马克思亟待解决的问题。而解决这一问题的关键落实到马克思市民社会概念的生成上。所以马克思市民社会概念的生成过程，既是马克思的人的自由发展目标实现了理论上论证的过程，又是马克思彻底摆脱费尔巴哈的人本主义哲学，将现实生活中从事物质生产活动的人，确立为哲学研究起点的过程，并在彻底的意义上实现对费尔巴哈哲学的超越。

## 一　方法上的费尔巴哈人本主义痕迹

费尔巴哈的人本主义哲学对马克思的影响，表现在马克思对其“主宾颠倒原则”的运用和人本主义异化方法的吸收上。人本主义异化的方法即人的类本质的异化。马克思把费尔巴哈的宗教的异化，从意识领域推进到政治领域和经济领域，即阐述了经济的异化导致了政治的异化，政治的异化才导致了宗教的异化这样的逻辑链条。铲除政治异化就是消灭经济异化，消灭经济异化就是扬弃私有财产，即消灭人的生产的关系，最后实现向人的类本质的复归，即向共产主义社会的迈进。在论述政治异化、经济异化的过程中，马克思始终以费尔巴哈的类本质作为理想标准，把虚无的类作为推动历史车轮的动力。对此，就马克思思想形成的几个关键时期作简要分析。

《莱茵报》时期，费尔巴哈的“主宾颠倒”的思维启发了马克思，马克思将其运用到对黑格尔唯心主义的哲学观批判上。但是马克思的思想也出现了自相矛盾的地方。马克思指出，因为黑格尔不是从实在的存在物（主体）出发，而是从谓语、从一般规定出发，为此，黑格尔没有把现实的存在物看作无限物的真正主体，这正是二元论。[①] 马克思把主体放置在现实的存在物上，而普遍物只是现实存在物的本质。这是受费尔巴哈主宾颠倒思维的启示得出的。但是接下来，马克思对黑格尔的批判又背离了这一原则。马克思对黑格尔批判道，他“不应该用现存的东西来衡量观念，而应该以观念来衡量现存的东西”[②]。

从马克思对黑格尔的批判中，我们看到了马克思自相矛盾的一面，受费尔巴哈的影响，马克思把经验的现实的存在作为事物的主体，普遍物只能存在于现实的有限物中，但是后来又把理念的尺度作为衡量现存事物的标准。这是马克思用抽象的类本质来说明历史发展动力的例证。这一理解历史的抽象原则持续到马克思发现唯物史观。

费尔巴哈对马克思的消极影响，还可以从以下的文字表述中得到证明。“从人本主义的观点来看，历史中的普遍合理性的源泉不是现实的有限物，而是人——作为‘类’的人，它才是现实的、无限的普遍物。”[③] 把抽象的“类”本质视作统帅感性的、现实的普遍物，马克思又得出以下观点：人始终是家庭、市民社会、国家这些实体性东西的本质，但这些实体性的东西也表现为人的现实普遍性，亦是人的本质的实现。[④]

这里的人的本质即人的类本质，指费尔巴哈理解的抽象的、自然的、生物意义上的人彼此联系起来的共同性。但是现实的社会组织并非人的本质的实现，而是表现为人的本质的异化。这里马克思

① 《马克思恩格斯全集》第 3 卷，第 32 页。
② 《马克思恩格斯全集》第 3 卷，第 70 页。
③ 孙伯鍨、侯惠勤主编：《马克思主义哲学的历史和现状》上卷，第 56 页。
④ 《马克思恩格斯全集》第 3 卷，第 51—52 页。

把人的类本质作为衡量现实的尺度，得出了整体高于部分，人民高于君主的关于社会政治体制的观点。以此为原则，马克思主张用真正的民主制取代现存的国家制度。从马克思关于国家制度的理解中看出，马克思还是从费尔巴哈的抽象的本质、抽象的自由出发，论述劳动者的解放问题，没有将人的解放落实到现实的经济活动中。因此，马克思还没有同唯心主义彻底决裂。

《德法年鉴》时期，马克思通过研读世界历史、政治、经济，并做了详细的读书摘录，对宗教的异化有了新的认识：政治异化带来宗教的异化，而市民生活中利己主义个人的自我异化的实践，是产生政治异化的世俗基础。利己主义带来对金钱的崇拜。钱是人的劳动和存在的本质的异化；但这个异化了的本质却统治着人，人成为它的奴隶。这样，对于资本主义社会，马克思在思想中形成了三层关系：宗教关系、政治关系、金钱关系。而产生这些关系的是市民社会的工商业实践活动，但马克思没有将工商业实践活动看作客观的物质活动，受费尔巴哈的影响，将此种活动看作是受利己主义需要支配的人的异化的活动。因此，马克思不是把现实的物质实践活动看作历史前进的动力，而是把费尔巴哈的抽象的类本质作为历史进步的标准。

从价值取向上看，马克思思想的发展始终围绕实现人的自由全面发展的目标。在马克思身处的资本主义的条件下，人的发展状态如何呢？马克思指出，虽然资本主义国家实现了政治解放，但是政治解放只是消灭了政治上的等级特权，使人在政治上获得了平等、自由，但在市民社会中，人和人之间仍然是利用、欺骗、逐利的关系。因此，马克思指出政治解放只是片面的解放，是实现人的自由全面发展目标的一个过渡性环节，需要由政治解放进一步发展为人类解放。但是马克思把人类解放理解为把人的世界和人的关系还给自己，因此，历史的发展就是人的类本质不断返回自身的过程。这分明就是费尔巴哈的抽象人本主义的异化观。

德法年鉴时期，马克思的思想虽然取得了重大进展，主要表现在：关于无产阶级历史使命的发现；经济生活中的异化在全部非人化的现象中的决定意义的发现。[①] 但是上述论述说明马克思关于思想的推进，仍包裹在费尔巴哈的人本主义哲学的框架内。在《德法年鉴》中就显露出相互矛盾的观点。具体表现在以下几方面：在考察社会中的异化现象时，既分析了市民社会中的阶级矛盾的存在，又把异化归结为人的真正本质和现实存在的分离，把事实上并不存在的“类本质”看作历史发展的真正动力；在考察无产阶级的历史使命时，既把现代社会的解体看作该社会内在矛盾发展的结果，又把无产阶级当作人的“类本质”的实际体现者；“在考察共产主义革命时，他既把消灭私有制看作是由无产阶级实现的革命运动，又把它说成是人的‘类本质’的复归，因而不恰当地夸大了哲学和教育在其中的作用。”[②]

之所以马克思把费尔巴哈抽象的类本质看作历史发展的真正动力，原因在于他还没有进行经济学的研究。1843 年底到 1844 年 8 月，马克思在巴黎进行了经济学研究，成果集中体现在《1844 手稿》中。在《1844 手稿》中，马克思从工人在劳动中呈现的种种异化表现，而资本家财产的不断增长的社会现象中，直观到资本主义社会一对矛盾的存在，即劳动和资本的对立，这种对立暗含着生产力和生产关系的对立。这里的关系，是指工人同生产的关系，此时的马克思还没有形成完整的生产关系的概念，但是在《1844 手稿》中马克思对于资本主义诸多经济范畴的剖析，如工资、资本的利润、私有财产、异化劳动、竞争等范畴，实质上是在揭示资本主

① 孙伯鍨、侯惠勤主编：《马克思主义哲学的历史和现状》上卷，第 67 页。
② 孙伯鍨、侯惠勤主编：《马克思主义哲学的历史和现状》上卷，第 67 页。

义生产关系内部诸因素的对立，以及生产力和生产关系的对立，但是由于马克思还没有形成关于生产力和生产关系的完整概念，因此，没有把上述的矛盾纳入社会有机结构的框架内。

也正是这个原因，马克思通过对私有财产的否定而进入共产主义的理想只是一种价值诉求，没有落实到历史必然性的物质条件诉求上，所以马克思的思想推进过程仍带有费尔巴哈的人本主义哲学的痕迹，主要体现在关于异化劳动和私有财产关系的探讨上，以及对费尔巴哈的称赞上，还有上述关于共产主义价值目标的诉求上。

关于异化劳动和私有财产的关系，马克思最初认为，是异化劳动产生了私有财产，但后来又认为二者是相互作用的关系。“私有财产一方面是外化劳动的产物，另一方面又是劳动借以外化的手段，是这一外化的实现。”① 这是马克思思想相互矛盾的地方。马克思继而指出“私有制与异化劳动的历史的暂时性，指出了二者关系的辩证转化”②。根据私有制发展程度的差异，马克思区别了两种异化劳动，即私有制不充分发展时期的最初的异化劳动和以雇佣劳动为表现形式的异化劳动，但二者的共同根源“则是人类还没有达到充分发展的高度，因此人的本质力量的发挥只能采取异化的形式”③。又由于异化劳动和私有财产是相互作用的关系，且具有历史发展的必然性和暂时性，所以扬弃异化劳动也就是消灭私有制。以上论述表明马克思正在一步步地接近理想目标的实现。但是，由于马克思没有将思想的推进建立在唯物史观的基础上，而是包裹在费尔巴哈的人本主义外衣下，所以虽然提出了人类解放的目标，但这一目标的实现还没有得到科学的论证。

在《1844 手稿》中，马克思深受费尔巴哈的人本主义异化方

---

① 《马克思恩格斯全集》第 42 卷，第 100 页。

② 孙伯鍨、侯惠勤主编：《马克思主义哲学的历史和现状》上卷，第 72 页。

③ 孙伯鍨、侯惠勤主编：《马克思主义哲学的历史和现状》上卷，第 72 页。

法的影响，对费尔巴哈的态度是公开赞扬的，这表明此时处在思想生长期的马克思，还没有意识到费尔巴哈哲学的致命缺陷，这完全是因为马克思的市民社会概念还没有生成，建立在市民社会概念基础上的唯物史观这一思想利器还没有形成，而马克思的唯物史观一旦生成，马克思就会对费尔巴哈展开激烈的批判。

马克思在《1844 手稿》中对费尔巴哈公开赞扬道："**费尔巴哈**是惟一对黑格尔辩证法采取**严肃的、批判的**态度的人；只有他在这个领域内作出了真正的发现，总之，他真正克服了旧哲学。"①

马克思把费尔巴哈的"伟大功绩"具体化为三点：（1）唯心主义哲学和宗教一样是人的本质的异化；（2）"人与人之间的"社会关系成了真正的唯物主义和实在的科学的原则；（3）批判了黑格尔的否定的否定的思辨观点。②

从费尔巴哈的著作中，我们知道费尔巴哈的"人与人之间的"关系仅限于人和人自发联系起来的关系，没有将人置放于特定的生产活动中，费尔巴哈批判了黑格尔把抽象的理念作为哲学的开端，通过否定的否定的环节又回复自身，费尔巴哈把现实的、感性的、实在的、特殊的、有限的东西作为哲学的开端。费尔巴哈的哲学是批判唯心主义的武器，但对于消除马克思思想上的困惑（市民社会为成为决定国家的力量）是丝毫没有帮助的。但是在《1844 手稿》中，马克思为何对费尔巴哈赞誉有加呢？原因在于马克思把自己所取得的功绩默默地记在费尔巴哈的名下。例如，"他把费尔巴哈的'人类'概念理解为'社会'的概念"③。这样，马克思把费尔巴哈的类意识转化为社会意识，类存在转化为社会存在，类生活转化为社会生活，类本质转化为社会本质。而类本质只有在社会主义制度

---

① 马克思：《1844 年经济学哲学手稿》，第 96 页。

② 马克思：《1844 年经济学哲学手稿》，第 96 页。

③ 孙伯鍨、侯惠勤主编：《马克思主义哲学的历史和现状》上卷，第 76 页。

中才能得到实现。所以只要证明人是类存在物，也就等于证明了社会主义诞生的必然性，社会主义是人的类本质实现的必然条件。

但是在证明人是类存在物的时候，马克思和费尔巴哈选择了不同的途径。费尔巴哈从人具有类意识的功能，推出人是类存在物的结论。[①] 马克思则将人作为类存在物的判断，建立在人能动地改造世界的实践活动基础上，把人的实践活动视作人的能动的类生活。费尔巴哈理解的人的社会性是从人的自然性得出的，而马克思理解的社会性是基于人的生产活动之上的。但是，马克思所理解的生产活动还是理想化的劳动，与现实中的异化的劳动相差甚远。

## 二 马克思对费尔巴哈的态度：赞美之余的少许不满

马克思在《1844 手稿》中用了“伟大功绩”来称赞费尔巴哈的哲学，足见费尔巴哈对马克思的影响，但是我们不得不承认，马克思思想之所以一步步地向前推进，就在于马克思和费尔巴哈在某些方面存在着差异，而这种差异决定了马克思哲学和费尔巴哈的人本主义哲学必将呈现出不同的哲学风貌。那么这种差异是如何显露端倪的呢？事实上，早在费尔巴哈的《临时纲要》发表之初，马克思就对费尔巴哈的哲学产生了疑虑，“费尔巴哈的警句只有一点不能使我满意，那就是：他过多地注重自然界，而过少地注重政治”[②]。

马克思指出，费尔巴哈过少地注重政治，这是令我不能满意的地方。显然，由于费尔巴哈远离了资本主义工业生产的实践，只看到了乡村中的自然，所以只能从认识论上，探究宗教异化的原因。费尔巴哈没有继续从社会的角度分析宗教异化的根源，是有着现实根据的。费尔巴哈和马克思是同时代的同一国家的人，当时德国的

---

① 孙伯鍨、侯惠勤主编：《马克思主义哲学的历史和现状》上卷，第 76 页。

② 梅林：《马克思传》上卷，人民出版社 1973 年版，第 73 页。

政治经济状况很复杂，政治上仍然处于封建专制统治之下，但经济上处于资本主义工业发展的起步期，同时伴随着资本主义生产关系的萌芽。封建专制的统治以宗教作为愚弄百姓的手段，费尔巴哈站在资产阶级的立场上，为新兴的资本阶级充当战前先锋，展开对宗教的批判，并指出王权的虚伪性。费尔巴哈敌视“一切以专制君主的慈悲和专横为转移”[①] 的封建国家。他写道，“王权起源于上帝的观点乃是最纯粹的胡说八道。人们建立国家；国家根据人们的意志和愿望而存在。费尔巴哈把权威无限的君主国家宣布为‘不道德的国家’。他赞成资产阶级民主制”[②]。

费尔巴哈的一段话表明了当时的德国带给人们的不自由。费尔巴哈写道，社会生活已经毒化到这样的地步，以致“心灵的自由和健康只有由于拒绝充当……任何公众角色才能保存下来……甚至解决讲课的问题”，也“只有用政治上的奴颜婢膝和宗教上的蒙昧愚顽的代价”才能达到。[③]

可见，费尔巴哈的人本主义哲学创立的原动力在于对人的自由的诉求，但是“他在理论方面的全部活动，旨在达到他想看见的那个在实践上和政治上所要实现的目的，即达到使人摆脱封建的规范和束缚的目的”[④]。费尔巴哈认为，只要人们摆脱了唯心主义哲学和宗教的束缚，就能在很大程度上实现这个目标。这只是费尔巴哈的主观愿望，而事实上，“批判的武器当然不能代替武器的批判，物质力量只能用物质力量来摧毁”[⑤]。

马克思在大学毕业后遭受了和费尔巴哈同样的命运，德国当局对进步思想的限制，使马克思放弃了在大学谋职的愿望，成为《莱

---

① 《费尔巴哈哲学著作选集》上卷，第596页。
② 《费尔巴哈哲学著作选集》上卷，第3页。
③ 《费尔巴哈哲学著作选集》上卷，第7页。
④ 《费尔巴哈哲学著作选集》上卷，第4页。
⑤ 《马克思恩格斯文集》第1卷，第11页。

茵报》的撰稿人，这给马克思提供了接触社会、接触现实中的物质利益冲突的机会。理论和现实的碰撞，使马克思重新思考黑格尔关于国家与市民社会关系的主张。可见，马克思和费尔巴哈不仅在理想的定位上存在着差异，马克思胸怀解放全人类的抱负，而费尔巴哈只追求摆脱封建的束缚；而且他们从事的不同的社会实践也决定了两人实现理想的途径的差异。马克思在大学毕业后，就参加了与当时政府的激烈理论争辩，并就自己的疑惑问题，进一步地研究了世界历史、政治、政治经济学，这些研究使马克思在思想上有了突飞猛进的发展，而费尔巴哈被当局禁止在大学讲课之后，就远离了政治经济发展中心（城市），到布鲁克堡村度日（欣赏大自然和著书）。

即便马克思思想取得了长足的发展，但还未最终成形，对于其成熟的标志我们可以从两方面考察，一是马克思市民社会概念生成基础上的唯物史观的问世，二是马克思从对费尔巴哈的赞扬到彻底的批判。这两个方面是同时发生的，只有在马克思的市民社会概念形成之时，马克思才明白了历史发展的动力来源于生产方式，而不是费尔巴哈主张的抽象的类本质；一旦市民社会概念形成，马克思就展开了对费尔巴哈的彻底批判。

马克思对费尔巴哈的赞美说明，费尔巴哈哲学助力马克思从唯心主义立场转向了唯物主义的立场，在马克思早期的思想发展中起到了非同寻常的作用，对此，从恩格斯不同时期著作中对此的评述上可以领略到。在 1845 年《英国工人阶级状况》序言中，恩格斯指出，包括马克思和他在内的“公开拥护这种改造的人们”，都是“通过费尔巴哈对黑格尔哲学的克服而走向共产主义的”①。在 1886 年《路德维希·费尔巴哈和德国古典哲学的终结》一书中，恩格斯

① 《马克思恩格斯全集》第 2 卷，第 279 页。

对费尔巴哈的《基督教的本质》对他们带来的思想冲击写道:“这部书的解放作用,只有亲身体验过的人才能想象得到。”费尔巴哈的最大功绩是“直截了当地使唯物主义重新登上王座”。巨大的解放作用,从马克思曾经怎样热烈地欢迎这种新观点上体现出来,这种新观点又是如何强烈地影响了他,可以从《神圣家族》中看出来。①

恩格斯提到在那狂风暴雨的时代,费尔巴哈对他们的影响很大,反过来说,费尔巴哈之所以对他们影响大,是因为那个时代有狂风暴雨,如何理解这层含义呢?费尔巴哈和马克思、恩格斯处在同一时代同一国度,是两种生产方式并存且斗争的时代,是两个阶级争夺统治权的时代,是两种意识形态及其所属的价值观斗争的时代,是唯心主义哲学范式盛行的时代,是上帝的权威横扫一切但又面临被颠覆的时代。在这样的狂风暴雨时代,如果出现不同于上帝的声音,如费尔巴哈的《论死与不死》,就会被剥夺发言权,果不其然,费尔巴哈被赶下了大学的讲坛。费尔巴哈的哲学观点和价值理想与当下的意识形态背道而驰,被剥夺发言权是可以预见的结果。但是,费尔巴哈表现了追求真理的不屈精神,没有因当局的迫害而改变自己追求真理的执着。

在乡村生活的二十多年里,费尔巴哈仍然坚持对基督教的批判。乡村生活使费尔巴哈逐渐远离了阶级社会矛盾斗争的中心。所以费尔巴对宗教的批判,帮助人们揭开了上帝神秘化的面纱,在认识领域豁然开朗,上帝不过是人的本质的异化。但也在更深层的意义上揭开了封建专制统治愚弄人民的本性。为资产阶级革命的爆发扫清了意识领域中的障碍。但远离工人阶级斗争的乡村生活,使费尔巴哈的思想走到了历史的尽头。所以下卷关于《基督教的本质》

① 《马克思恩格斯文集》第4卷,第275页。

的论述未超越上卷的思想高度。这与一直向往人类真正解放的马克思和实际参与社会实践斗争的马克思，是截然不同的。马克思的政治抱负和社会实践决定了马克思必然比费尔巴哈走得更远。

费尔巴哈为什么对早期的马克思影响大，也是由马克思思想起点的特征决定的。马克思思想起点的特征，又由当时的时代精神决定，上帝主宰一切的时代，哲学也只有迎合当时的意识形态，因此，思维、自我、意识的内在性乃是神学与哲学的共同枢纽。从自我意识、绝对精神出发，去理解现实的事物，把理性、理念、普遍性作为衡量现实进步的标尺，这是当时普遍的思维方式，马克思也同样受到这种思维方式的影响，如对自由的理解上，就是按照黑格尔的理解，认为国家是普遍理性的代表，代表全体人民的利益，也应该切实地保护人民的利益。但是，现实生活中的利益冲突呈现给马克思的是：法的手脚经常被议会打断，私人利益处处占据上风。所以马克思需重新思考理性与现实的关系。费尔巴哈的哲学短文令马克思豁然开朗，从有限的感性出发，启迪马克思从现实的市民社会出发，去理解国家与自由的关系。

马克思对费尔巴哈的态度即由早期的赞美到后期的批判说明了马克思思想发展的曲折过程，但之所以有后来的批判也取决于马克思的早期感受——对费尔巴哈少许不满，不满表明了二者最初理想的差异。青年时期马克思所处的时代和马克思当时接受的哲学修养，决定了马克思对费尔巴哈的人本主义哲学必然表现出强烈的赞赏态度，但是随着马克思思想的推进，他就发现理解人与社会的基本立足点——市民社会基础上的唯物史观。立足于唯物史观，马克思就可以合理地解释劳动的异化、政治的异化及宗教的异化，并为消除异化找到可行的革命道路。我们继续追寻马克思思想发展的轨迹，对市民社会概念的生成做具体的论证。

## 第三节　马克思对费尔巴哈态度的彻底改变

### 一　马克思态度转变的条件剖析

马克思早在 1843 年就说过："费尔巴哈……过多地强调自然而过少地强调政治。"[①] 费尔巴哈的人本主义哲学观，启迪了早期的马克思在两方面取得进展，一是哲学立场的变革；二是从唯心主义国家观向唯物主义国家观的转变，得出市民社会决定国家的观点。对于市民社会决定国家，马克思只是站在一般唯物主义立场上来理解这个问题的。对于其中的逻辑关系，马克思是没有能力去阐释的。接下来马克思潜心于对世界政治、历史、经济的研究，在上述问题上取得了突破性的进展，表现在，他对所有制的理解，对阶级问题的解读，国家与法的问题、立法权和行政权的关系、代表制和人民主权的关系的探讨，都是立足于历史和现实的基础上，得出合理的结论。研究经济学的成果集中体现在《1844 手稿》中，《1844 手稿》探讨的主要哲学内容，体现为马克思对异化劳动的揭示，对异化劳动的强调，隐含着对资本主义社会固有矛盾的揭示，表现为生产力和生产关系之间的内在矛盾，这对矛盾无法克服的性质，预示着资本主义必然灭亡的趋势。"劳动和资本的这种对立一达到极端，就必然是整个关系的顶点、最高阶段和灭亡。"[②]

从马克思思想推进的途径上看出，马克思致力于社会实践和理论研究，在前人取得的理论成果基础上，结合现实的经济发展，探讨人的解放问题，这一问题的解决是围绕市民社会这一概念而展开的。

---

① 《马克思恩格斯全集》第 27 卷，人民出版社 1972 年版，第 442—443 页。

② 马克思：《1844 年经济学哲学手稿》，第 67 页。

马克思思想推进的另一动力，就是在批判各种思潮的基础上取得的理论上的突破，各种思潮基本上可分为两大类，即唯心主义思潮和旧唯物主义观点。从马克思思想发展的过程中，可以看出，马克思的诸多批判多是指向唯心主义的。旧唯物主义亦是马克思批判的对象，费尔巴哈的人本主义哲学就属于旧唯物主义或直观唯物主义的范畴，这种思想在马克思思想的早期形成中曾起到了积极作用，但是，一旦马克思把视角转入现实的历史的经济活动，就越来越远离费尔巴哈的直观唯物主义。

马克思也越来越感到费尔巴哈远离政治的哲学，成为了工人开展阶级斗争的障碍。马克思的辨别力是建立在生产力决定生产关系的历史规律基础上的，这一规律在马克思思想中的扎根，成为马克思能在彻底意义上实现对费尔巴哈哲学批判和超越的根本条件，另外，还有外在的原因——麦克斯·施蒂纳的《唯一者及其所有物》的思辨唯心主义嘴脸，及费尔巴哈的美文学词句和泛爱的空谈的不良影响。施蒂纳通过批判费尔巴哈的抽象的类概念和把人的本质二重化的观点，阐发了“唯一者”的哲学，以实现利己主义和无政府主义的目的。这样就把思辨唯心主义发展到了荒谬无比的地步。这从反面启发了马克思重新思考和评价费尔巴哈的哲学。费尔巴哈的美文学诗句主要被莫泽斯·赫斯和卡尔·格律恩等人利用，他们把费尔巴哈的美文学的词句和泛爱的空谈这两个弱点作为共产主义的运动的指导原则，宣称通过爱来实现以人类的内在本质为基础的真正人的社会，这就是“真正的社会主义”的实质。这种观点像瘟疫一样危害着共产主义运动。这也从实践上暴露了费尔巴哈学说的不良影响。[①]

之所以如此，还是由于费尔巴哈学说自身存在着不可克服的致

---

① 孙伯鍨、侯惠勤主编：《马克思主义哲学的历史和现状》上卷，第90页。

命缺陷。具体表现为：用感性直观的方法解释世界，殊不知他的感性直观的对象和感性直观的能力，都是世世代代感性活动的结果，是工业发展的产物；费尔巴哈视野中的人是生物学意义上的感性的人，是脱离具体的社会历史条件的被彻底纯化的人，这样的人是没有物质需要、没有阶级差别的人，虽然他提出了振聋发聩的口号：人是文化、历史的产物。但是从他对于“类本质”（内在的、无声的、把许多个人纯粹自然地联系起来的共同性）的理解上，可以看出文化、历史等概念对于费尔巴哈来说，只是无意义的名词；费尔巴哈以人本主义哲学著称，在主观意识上抬高人的地位，可在现实社会中，却起到了消极的作用，在无产阶级反抗资产阶级的斗争中，这种学说成了历史进步的绊脚石。

为此，马克思觉得必须完成对费尔巴哈的彻底批判。《关于费尔巴哈的提纲》就是对费尔巴哈集中批判的见证。对这一简短的提纲，恩格斯评价道“包含着新世界观的天才萌芽的第一个文献”[①]。

## 二　马克思对费尔巴哈的批判与新世界观的萌芽

《关于费尔巴哈的提纲》为何被恩格斯称为新世界观的天才萌芽呢？虽然马克思思想的推进是在批判唯心主义的过程中完成的，而一旦马克思的思想接近成熟，就会发现旧唯物主义也是无产阶级解放事业的思想障碍，所以必须坚决地予以批判。

在批判费尔巴哈的过程中，马克思总结了理解世界的三种方式：第一，唯心主义立足于人的主观能动性来理解世界，但忽视客体的存在；第二，旧唯物主义强调从客体的或者直观的形式去理解对象，但抛开人的感性活动的基础；[②] 第三，从主客体统一的感性

① 《马克思恩格斯文集》第4卷，第266页。

② 《马克思恩格斯文集》第1卷，第499页。

活动去理解世界。这样的理解方式就内在地包含着人的主观能动性和客体的客观规律性的统一。马克思强调指出，费尔巴哈实现了研究对象的转换，用感性客体取代了思想客体，但是他不明白理论活动的基础是实践活动，而他视线中的实践仅仅是商人的买卖活动。[①]所以，对于革命的、批判的活动，费尔巴哈是根本理解不了的。

马克思将哲学的基本问题，即思维和存在、主观和客观统一性问题，建立在感性活动即实践的基础上，这是哲学史上的重大变革，也为真理的检验标准找到了科学的答案——“人应该在实践中证明自己思维的真理性，即自己思维的现实性和力量”[②]。而费尔巴哈所认为的——真理性的标准是感性直观和众人意见，以及只有联合起来的思想才是真理的思想，在马克思的实践观的批判下，已成为历史的过往。针对费尔巴哈基于非现实的情感化的联想，确定人和人之间的联合，并以此来确定真理的标准，马克思驳斥道：“全部社会生活在本质上是**实践的**。凡是把理论引向神秘主义的神秘东西，都能在人的实践中以及对这种实践的理解中得到合理的解决。”[③]

立足于感性活动（实践）来理解世界，就会把世界理解为感性活动的结果，这样的结果既包含人的主观能动性的印迹，又含有被改造对象的客观规律性。所以生活环境的改善是人类发挥自身能动性的产物。而18世纪的法国唯物主义和费尔巴哈都认为，人性的恶或愚昧的带来了现实社会的罪恶和灾难，因此，只要改变人性恶的或愚昧的状态，就能消除现实社会存在的罪恶和灾难。改变人性恶的或愚昧的状态，可以通过教育和环境的改变来实现。对此，马克思批判道：环境正是由人来改变的，如果幻想通过教育来改变人

① 《马克思恩格斯文集》第1卷，第499页。
② 《马克思恩格斯文集》第1卷，第500页。
③ 《马克思恩格斯文集》第1卷，第501页。

性恶的状态，意味着把社会分成两部分——教育者和受教育者，其中教育者高于社会之上。针对此唯心观点，马克思给出了自己的理解，现实社会的罪恶和灾难的消除，只能依靠革命的实践。这样，马克思从哲学的角度，提出了实现无产阶级解放的历史使命。也解决了关于社会历史进步的动力问题，不是精神创造历史，而是人民群众创造了历史。

立足于感性活动（实践），不仅解决了思维与存在统一的哲学基本问题，实践作为客观的物质活动，又是实现社会变革的途径。这样马克思的新世界观内在地包含革命的、批判的实践意图。马克思肯定了费尔巴哈努力把宗教世界归结于它的世俗基础的观点。但费尔巴哈对世俗基础未作任何历史的解释。只是诉诸理想化的愿望，大家彼此相爱就可以消除现实社会的罪恶。对此，马克思深刻地指出，只有立足于现实社会的矛盾，才能合理地解释宗教问题，而费尔巴哈仅仅用人本学的方法说明宗教问题，是脱离现实的理论妄想。正是由于这个原因，费尔巴哈不会对现实社会的内部分裂进行研究，而这样的研究是解决社会罪恶问题的关键。对于社会问题的解决，费尔巴哈虽然提到了宗教的异化应归结于世俗基础，但是，就在他应该深入探究世俗基础的地方，他却停止不前了，转向了“宗教感情”的唯心主义说教。所以，批判、否定、革命这样的字眼与费尔巴哈是没有任何联系的。

人和社会的发展是建立在感性活动基础上的，而感性活动必定处于特定的社会形态中，所以，马克思认为，人的本质，“在其现实性上，它是一切社会关系的总和”[①]。但费尔巴哈是这样理解人的本质的，宗教的本质就是人的本质，可见费尔巴哈陷入了唯心主义的妄想。费尔巴哈仅仅从生物学的意义上理解个体，这样的个体是

① 《马克思恩格斯文集》第1卷，第501页。

脱离了现实社会的理想中的人，他超越了历史时空的限制，超越了现实的经济活动的束缚，成了被彻底纯化的想象中的人。费尔巴哈关于宗教的本质就是人的本质，还等同于，人的特征、本质就是与生俱来的宗教感情。他继续发挥道，理性、爱、意志力，就是人的绝对本质，就是人生存的目的。[①] 人的本质包含在团体之中，包含在人与人的统一之中。[②]

费尔巴哈所理解的实在性，就是基于物质性基础上的人的感性，人的存在的物质性、感性是人类共同具有的类特性，是人的本质。费尔巴哈意义上的类、人的本质不是通过人类的实践活动外化出来的各种活生生的实践形式，而是内在的、无声的、自然的物质属性。马克思从人类改造自然的能动性活动中，看出人不仅按自身的尺度改造自然，还以各种物种的尺度改造自然，人不仅把自然界视作消费的对象，还把自然界作为意识的对象，从人类具有思维的能力，以及在思维的作用下，能动地改造自然的能力的意义上，证明了人是类存在物。人类在改造自然的活动中，由于受个体自身能力的限制，需要协同合作，共同参与改造自然的活动。这样，在生产活动中还生成了人和人之间的关系。所以，马克思指出，人的本质并不是单个人所固有的抽象的理性、爱、意志力。人的本质表现为各种社会关系的总和。费尔巴哈所强调的宗教感情不是人的本质，它本身是社会的产物，抽象的个人一定隶属于特定的社会形态。

立足于感性活动（实践）来理解人与社会的发展，马克思实现了哲学观的双重变革，一是认识论意义上的变革，二是基于科学的认识论基础上，实现了价值观的变革。旧唯物主义不理解人的感性

---

① 《费尔巴哈哲学著作选集》下卷，第 28 页。

② 《费尔巴哈哲学著作选集》上卷，第 185 页。

活动，以及基于此上结成的人与人之间的社会关系。所以无法理解各种感性活动得以展开的载体——市民社会。马克思指出：“旧唯物主义的立脚点是市民社会。”[①] 这里，马克思指出了旧唯物主义哲学的阶级属性及其历史使命。

随着资本主义生产关系的巩固，这种哲学的历史任务（反封建和宗教）就已经完成了，随着资本主义的进一步发展，这种社会机制的内在矛盾进一步呈现出来，需要新的哲学解释市民社会发展的内在矛盾。马克思哲学适应时代发展的需求，以感性活动为载体，以市民社会的经济发展为内容，揭示了资本主义的感性活动的内在矛盾，表现为生产力和生产关系的矛盾，马克思通过对这一矛盾的揭示，为无产阶级的解放找到了科学的可行性道路，也就为人类自由自觉的类本质活动的实现，找到了阶级力量和改变现状的科学途径。所以马克思说，新唯物主义的立脚点是人类社会或社会的人类。新唯物主义的立足点不是为特定的剥削阶级服务的，它是实现全人类解放的思想武器。

## 第四节　马克思对黑格尔辩证法的继承与批判

### 一　马克思对黑格尔辩证法的继承

关于马克思的唯物史观，我们将其区分为马克思唯物史观的草创阶段和唯物史观的成熟阶段，这两个阶段的完成在一定意义上来讲，皆受到黑格尔思想的启迪。所以，我们从两个阶段，即唯物史观草创阶段和唯物史观成熟阶段分别论述马克思对黑格尔哲学的继承与批判。

#### （一）唯物史观草创阶段，马克思对黑格尔哲学的继承

探讨人的自由的实现，是哲学的永恒主题，马克思和以往哲学

---

① 《马克思恩格斯文集》第1卷，第502页。

家最显著的差别在于他在中学时代就确立了要为之终身奋斗的目标——实现人的自由全面的发展。关于人的自由的实现问题，早期的马克思认同了黑格尔关于现代社会的国家与市民社会分离的观点，也接受了黑格尔对于市民社会概念的界定：马克思在《〈政治经济学批判〉序言》中回顾他批判黑格尔法哲学所取得的成果时说：法的关系和国家的形式一样，要从产生它们的根源即物质的生活关系中探究其存在的缘由，这种物质的生活关系的总和，黑格尔受到18世纪的英国人和法国人的启示，将其称为“市民社会”，而对市民社会具体内涵的探究只能到政治经济学中去找寻答案。①

现代社会生产力的发展，使得社会的经济功能得以彰显，从经济层面来理解“市民社会”，以及现代社会呈现出的国家与市民社会分离的特征是马克思最初确立的基本逻辑框架，亦是马克思用来探讨唯物史观的基本工具，也为马克思接下来的研究提供了明确的方向，即到政治经济学中去探求“人类历史之谜”。虽然黑格尔关于国家与市民社会分离的理论，是马克思思想推进的逻辑起点。但对现代社会呈现的国家与市民社会分离的理解上，马克思和黑格尔存在着本质的差别。

黑格尔通过唯物辩证法中的特殊性与普遍性这一矛盾范畴来理解市民社会与国家的关系，黑格尔认为市民社会是特殊领域的存在，而国家是代表公共领域的普遍性存在，在现代社会中，市民社会的特殊性得到了张扬，这是历史的进步，但是，黑格尔却看到了特殊性非理性的膨胀带来的消极后果。黑格尔认为，特殊性需要的满足，往往带有偶然任性和主观偏好，这导致双重后果，既破坏了自己实体性的概念，又陷入欲壑难平的深渊。当然，特殊性摆脱不了普遍性权力的限制。特殊性的肆意膨胀，使得荒淫和贫困、生理

---

① 《马克思恩格斯全集》第31卷，人民出版社1998年版，第412页。

和伦理的蜕化充斥着市民社会。[①] 黑格尔尖锐地指出：无节制和无尺度的特殊性，会肆意释放人自身的动物本能，只会在情欲上陷入恶的无限。[②]

虽然马克思接受了黑格尔关于国家与市民社会分离的观点，但又做出了进一步的阐释，政治制度的发展，是以商业和地产等私人领域的发展为前提的，当商业和地产达到独立存在时，政治制度才能真正发展起来。“**国家本身**的抽象只是现代才有，因为私人生活的抽象也只是现代才有。**政治国家**的抽象是现代的产物。”[③]

马克思将国家与市民社会的分离，置于社会形态更替的动态演变中来审视，所以既看到了国家与社会分离的积极方面，也看到了国家与社会分离的消极方面。在古代社会，国家与社会是合一的，但人是不自由的，建立在市民社会与国家分离基础上的现代社会，在法律上宣称人是自由的。对于中世纪人的存在状态，马克思特别指出，中世纪的人是受等级束缚的人，是不自由的人。[④] 因此，“中世纪是人类史上的**动物时期**，是人类动物学”[⑤]。

中世纪国家与市民社会是合一的，但是中世纪的人是不自由的人。资本主义制度的确立，其积极意义表现在，资产阶级民主制度代替了封建神权专制制度。在法律意义上，人是自由的人，但是，资本主义社会实现的解放，只是政治上的解放，并没有实现真正意义上的解放，即人类解放，这是其消极的地方。

对国家与市民社会分离的理解，不论从积极方面和消极方面来看，马克思和黑格尔存在着明显的差异。马克思从人类发展的整体视角，审视了国家与市民社会分离所带来的积极影响和在人类解放

---

① 黑格尔：《法哲学原理》，范扬、张企泰译，第 199 页。

② 黑格尔：《法哲学原理》，范扬、张企泰译，第 200 页。

③ 《马克思恩格斯全集》第 3 卷，第 42 页。

④ 《马克思恩格斯全集》第 3 卷，第 43 页。

⑤ 《马克思恩格斯全集》第 3 卷，第 102 页。

上的不彻底。黑格尔只是从市民社会中作为特殊性的个体需要的满足上来审视二者分离带来的消极后果。

如何消除国家与市民社会的分离，在对这一问题的探讨上，马克思与黑格尔采用了截然不同的路径。黑格尔仍然不放弃他的绝对理念的逻辑运演，所以黑格尔只是在逻辑证明的意义上来理解自由的实现，黑格尔在《法哲学原理》中论证了人的自由的实现，人的自由实现的逻辑论证，也是消除国家与市民社会分离的路径，黑格尔认为，自由的实现通过两个圆圈来完成，第一个圆圈是从抽象法到道德再到伦理实体，第二个圆圈是从家庭到市民社会再到国家，伦理实体发展到最高阶段，即国家阶段，就可以实现人的自由。理由是市民社会中的特殊性，要以国家的普遍理性作为行为的原则，这样，就可以解决市民社会中个体的特殊性与国家作为普遍理性之间的矛盾。

置身于普遍性的国家中，人能否实现真正意义上的自由，对此，马克思指出，作为现代社会的国家，其所代表的普遍性，只能是抽象的普遍性，因此，在现代社会的国家里，市民社会中的成员虽然在法律上被承认为自由的人，但这只是作为抽象的、形式上的人来承认的。对此，马克思批判道："对其他领域来说，它（指国家，引者注）是作为普遍理性、作为彼岸之物而发展起来的。"①国家成了脱离现实生活的彼岸世界，成了世俗世界人的形象的自我异化。

对于如何消除国家与市民社会的分离，马克思在《1844 手稿》中给出了答案，消灭资本主义私有制，是消除人的发展的异化的根本途径。在《1844 手稿》中，马克思在唯物主义的基础上，实现了对黑格尔唯心主义哲学和对其唯心主义国家观的双重批判。

---

① 《马克思恩格斯全集》第 3 卷，第 42 页。

### （二）唯物史观成熟阶段，马克思对黑格尔哲学的继承

在《德意志意识形态》中，马克思关于唯物史观的阐述只能算作唯物史观的初级形态，这段文字在前文已经呈现，草创阶段的唯物史观内含的一条逻辑链是：物质生产—市民社会—意识形式，成熟阶段唯物史观中出现的生产力、生产关系（市民社会）、经济基础（市民社会）、上层建筑这些概念，在这里还没有形成。在不同阶段唯物史观的表述中，所用概念的差别不是实质的差别，二者实质的差别在于，成熟阶段的唯物史观（见于1859年《〈政治经济学批判〉序言》）是马克思经过15年左右的政治经济学研究，实现了对资本主义生产方式运行规律的揭示。所以成熟阶段的唯物史观是经过科学论证的理论。

从19世纪40年代起，至1859年成熟形态唯物史观的呈现，马克思基本上完成了对资本主义生产方式以及与它相适应的生产关系和交换关系规律的探讨，即基本上完成了《资本论》主体内容的写作，马克思采用何种工具完成了对资本主义经济运行规律的剖析呢？马克思在《资本论》第一版序言中总结道：对社会领域经济形式的分析，不能使用自然科学领域采用的工具，如显微镜和化学试剂，只能用抽象力来代替。[①] 运用抽象力来研究经济学，马克思总结了两种对立的研究方法，第一种是从具体到抽象，马克思是结合具体的研究对象来说明这一方法的。比如当我们用政治经济学来考察一个国家的时候，我们会考虑构成国家的具体要素和物质条件，比如人口因素、生产水平、消费状况、商品价格等。人口因素又具体到人口的阶级划分、人口的输出和输入。这就是从实在和具体开始，从现实的前提开始，逐步进展到抽象，这种从具体到抽象的分析方法似乎是正确的，但深入考察起来，却是错误的。原因在于，

---

① 《马克思恩格斯文集》第5卷，第8页。

“抛开构成人口的阶级，人口就是一个抽象。如果我不知道这些阶级所依据的因素，如雇佣劳动、资本等等，阶级又是一句空话。而这些因素是以交换、分工、价格等等为前提的”[①]。

第二种是从抽象到具体，抽象概念给我们的最初印象，只是一个较为模糊的整体表象，经过更直观更具体的规定后，会在具象化的分析中越来越简单，直到获得关于该概念的许多规定。马克思认为，第二种方法是科学的，具体之所以被称为具体，“因为它是许多规定的综合，因而是多样性的统一”[②]。从抽象上升到具体的方法是马克思切实肯定的方法。张世英教授指出：“黑格尔逻辑学的概念发展过程，是一个由抽象到具体的过程，越是在前的概念越是抽象、片面、空洞，越是在后的概念，由于它所包含的环节越多，因而也越具体、全面、丰富。”[③] 但是，在这里我们必须形成基本判断，虽然他们都赞同从抽象到具体的分析方法。但马克思从抽象到具体的方法是建立在唯物主义基础上的，马克思视线中的具体是现实事物的感性存在，而黑格尔的方法完全是唯心主义的，他视线中的具体是消极的存在。

黑格尔的辩证方法包裹在其唯心主义的体系内，马克思将其剥离出来，并运用到对资本主义经济运行规律的探究中，为此，才有了被誉为工人阶级圣经的《资本论》的诞生，而关于马克思《资本论》与黑格尔《逻辑学》的关系，列宁在《哲学笔记》中做出令人深思的判断，要想真正理解马克思的《资本论》，特别是它的第一章，就必须研究和理解黑格尔的逻辑学。而且，列宁还特别强调，《资本论》是马克思“大写字母”的逻辑学。

列宁为何做出如此判断呢？我们可以从马克思、恩格斯的叙述

---

① 《马克思恩格斯全集》第 30 卷，人民出版社 1995 年版，第 41 页。

② 《马克思恩格斯全集》第 30 卷，第 42 页。

③ 张世英：《论黑格尔的逻辑学》，中国人民大学出版社 2010 年版，第 124 页。

以及《资本论》文本的风格，加之马克思主义研究者对《资本论》的探究上，梳理马克思批判地继承黑格尔辩证法的史实。

早期的马克思从黑格尔的唯心主义的弊端入手，批判其辩证法的神秘方面，马克思的批判见于《1844 手稿》中。但是 30 年后，马克思的态度发生了明显的变化。当马克思写《资本论》第一卷时，德国知识界自负的、平庸的模仿者们，在把黑格尔当作一条“死狗”时，马克思却公开承认他是这位大思想家的学生，并且在关于价值理论的一章中，在有些地方马克思甚至卖弄起黑格尔特有的表达方式。[①]

后来《资本论》的研究者证实了马克思写作《资本论》第一卷的确切时间——1857 年 10 月 22 日，也佐证了马克思从黑格尔《逻辑学》汲取方法的史实。1968 年在柏林出版了《弗莱里格拉特与马克思恩格斯通讯集》，其中弗莱里格拉特于 1857 年 10 月 22 日写给马克思的一封信中明确提到，他是当天早晨到达伦敦，请马克思把黑格尔的著作拿走。[②] 马克思是在看了《逻辑学》之后才开始写作《资本论》第一卷的有力证据，也可从 1858 年 1 月 14 日，马克思写给恩格斯的信中得到证实，黑格尔的《逻辑学》在材料加工的方法上帮了我很大的忙。如果以后再有功夫做这类工作的话，我很愿意用两三个印张把黑格尔神秘化的方法中所存在的合理的东西阐述一番。[③]

马克思从《逻辑学》汲取方法的事实，也可从对手稿本身的分析上获得。《货币章》中较多地使用黑格尔辩证法的一些概念和用法，如设定、质和量、同一、差别、对立和矛盾、观念和现实、可

---

① 《马克思恩格斯文集》第 5 卷，第 22 页。

② ［苏联］巴加图利亚等：《马克思的经济学遗产》，贵州人民出版社 1981 年版，第 159 页。

③ 《马克思恩格斯〈资本论〉书信集》，人民出版社 1976 年版，第 121 页。

能性和现实性、对象化、异化、二重化等。[1] 有些地方马克思还直接引用了黑格尔的原话和观点，如：

> 市场价值平均化为实际价值，是由于它经常波动，……而是由于和它自身经常不相等（要是黑格尔的话，就会这样说：不是由于抽象的同一，而是由于经常的否定的否定）。[2]

马克思认为，分析经济形式只能运用抽象力，所以，黑格尔的辩证法被马克思用来分析资本主义经济运行的规律，已成为不争的史实。但是对黑格尔辩证法唯心主义性质的批判，亦成为马克思理论面临的一项极其重要的任务，从马克思的文本中，可以直观到马克思对黑格尔颠倒思维与存在关系的质疑：唯心主义的叙述方法，作为黑格尔思想推进的分析工具，容易引起误解，以为哲学只是探讨概念的规定和概念的辩证法，事实上，应该明晰概念得以存在的现实基础。[3]

1859 年 6 月，《政治经济学批判》第一分册出版，马克思非常重视这部著作，称“它是十五年的、即我一生的黄金时代的研究成果”[4]。能真正理解《政治经济学批判》第一分册并为其写书评的人，只有恩格斯，在书评中，恩格斯就黑格尔的辩证法，以及《政治经济学批判》和黑格尔的关系进行了评论，并对黑格尔的辩证法作了如下评价，第一，黑格尔的思维方式，尽管形式上是抽象的和唯心的，但它是以巨大的历史感作为基础的；第二，黑格尔的确是第一个想证明历史中，有一种发展、有一种内在联系的人。[5] 而对黑格尔思维方式的批判是一件有难度的事。能担此重任的唯有马克

---

① 李建平、谭苑苑：《〈资本论〉与黑格尔》，《东南学术》2016 年第 1 期。

② 《马克思恩格斯全集》第 46 卷（上），人民出版社 1979 年版，第 80—81 页。

③ 《马克思恩格斯全集》第 46 卷（上），第 97 页。

④ 《马克思恩格斯〈资本论〉书信集》，第 137 页。

⑤ 《马克思恩格斯全集》第 13 卷，人民出版社 1962 年版，第 531 页。

思，现在是马克思，过去也是马克思。马克思要做的工作，就是从黑格尔的逻辑学中把包含着黑格尔在这方面的真正发现的内核剥离出来，使辩证方法从黑格尔唯心主义体系的外壳中挣脱出来，并建立在思想发展的正确形式之上，这种方法被马克思运用在对政治经济学的批判中，这个方法的制定，是唯物主义发展的重大成果。[①]

马克思运用黑格尔的辩证法来剖析资本主义经济运行规律的事实，亦可以从马克思的经济学手稿中的论述风格上得到印证。马克思的《1863—1865 年经济学手稿》第一分册的第六章关于直接生产过程的结果，主要论述了三个问题：作为资本产物的商品；资本主义生产是剩余价值的生产；资本主义生产关系是特殊资本主义生产关系的生产和再生产。[②] 这里，马克思的叙述风格模仿了黑格尔对于科学的开端的界定，科学的开端实则是理论建构的逻辑起点，黑格尔逻辑起点的特征，是最初的概念潜伏着最后的概念，它是最后概念的根据和基础，最后概念是由最初概念经过正确的推论发展而来。[③] 最初的也将是最后的东西，最后的也将是最初的东西。[④]

马克思在第六章中写道："**商品**，作为资产阶级财富的元素形式，曾经是我们的出发点，是资本产生的前提。另一方面，**商品**现在又表现为**资本的产物**。"[⑤] 作为资本产物的终点——商品即工人劳动创造的商品，已有别于生产前作为生产资料的商品，作为终点的商品，是产业资本运动后实现增殖的商品，已经在量上大于作为起点的商品，已经包含剩余价值在其中。用公式体现出来，即 $c+v+m>c+v$，这里，商品不仅是逻辑分析的起点，也是逻辑分析的终点，这个终点是在更高阶段上回复到原初的出发点。这里，马克思

---

① 《马克思恩格斯全集》第 13 卷，第 532 页。

② 李建平、谭苑苑：《〈资本论〉与黑格尔》，《东南学术》2016 年第 1 期。

③ 李建平、谭苑苑：《〈资本论〉与黑格尔》，《东南学术》2016 年第 1 期。

④ 黑格尔：《逻辑学》上卷，商务印书馆 1966 年版，第 56 页。

⑤ 《马克思恩格斯全集》第 49 卷，人民出版社 1982 年版，第 4 页。

运用了黑格尔的否定之否定的辩证思维。

1867 年 9 月 14 日，当《资本论》德文第一版在汉堡出版时，马克思说："不论我的著作有什么缺点，它们都有一个长处，即它们是一个艺术的整体，但是要达到这一点，只有用我的方法。"[①] 所谓"我的方法"也就是经过批判改造的黑格尔辩证法，马克思多次明确指出，《资本论》就是"把辩证方法应用于政治经济学的第一次尝试"[②]，在《资本论》第一卷出版前后，马克思和恩格斯在通信中多次交流黑格尔的辩证法。如，1867 年 6 月 16 日，恩格斯在写给马克思的信中说："因为庸人确实不习惯于这种抽象思维，而且一定不会为价值形式去伤脑筋……这一部分你应当用黑格尔的《全书》（指黑格尔 1817 年出版的《哲学全书》——引者注）那样的方式来处理，分成简短的章节，用特有的标题来突出每一个辩证的转变，并且尽可能把所有的附带的说明和例证用特殊的字体印出来。"[③]

马克思在 1867 年 6 月 22 日回函恩格斯：在论述价值形式的时候，……我在这方面也采取辩证的态度。……我在正文中引证了黑格尔所发现的单纯量变转为质变的规律。[④] 1867 年 6 月 24 日，恩格斯致函马克思，建议《资本论》第一卷的翻译"需要有一套翻译黑格尔用语的术语（英文的），关于这一点你目前可以考虑一下，因为这是不容易的，但却是必须做的"[⑤]。1867 年 11 月 7 日马克思致函恩格斯："在伦敦这里，在某种程度上采取不偏不倚的态度，对德国人的事情，如对德国语言学、自然科学、黑格尔等等。颇为关心的唯一的一家周刊，是天主教的周刊《纪事》……他们对于把

① 《马克思恩格斯〈资本论〉书信集》，第 196 页。
② 《马克思恩格斯〈资本论〉书信集》，第 239 页。
③ 《马克思恩格斯〈资本论〉书信集》，第 213—214 页。
④ 《马克思恩格斯〈资本论〉书信集》，第 215—216 页。
⑤ 《马克思恩格斯〈资本论〉书信集》，第 217 页。

辩证方法应用于政治经济学的第一次尝试，不会不予以注意。……现在在比较文雅的人士中（当然我说的是它的知识分子），对于学习辩证方法有很大的需要。”①

1868年5月23日，马克思致函恩格斯：“在我看来，你怕把G—W—G等这类简单的公式介绍给杂志读者英国庸人，这就不对了。……詹姆斯·哈钦森·斯特林先生敢于不仅在书本上，而且在杂志上是把什么东西作为‘黑格尔的秘密’——黑格尔本人也不会懂——奉送给公众的，那末你就会相信……你实在太拘泥了。人们要求新东西——形式和内容都新。”②

列宁在阅读了四卷本的《马克思恩格斯通信集》后曾这样写道：“如果我们试图用一个词来表明整个通信集的焦点，……那么这个词就是辩证法。”③

《资本论》是马克思“大写字母”的逻辑，但是马克思指出，《资本论》辩证法和黑格尔的辩证法具有本质的差别，在黑格尔那里，思维过程是现实事物的创造主；但马克思认为，观念的东西是人脑对物质的东西的反映和改造。④

对于黑格尔的辩证法，马克思看到了其保守性的一面，同时认为也不否定其革命性的特征。“辩证法，在其神秘形式上，成了德国的时髦东西，因为它似乎使现存事物显得光彩。”⑤ 黑格尔哲学因其神秘形式而呈现保守的一面，所以曾被普鲁士政府奉为官方哲学，黑格尔也因此获得了荣誉勋章。但是，“辩证法，在其合理形态上，引起资产阶级及其空论主义的代言人的恼怒和恐怖”⑥，这是

---

① 《马克思恩格斯〈资本论〉书信集》，第239—240页。
② 《马克思恩格斯〈资本论〉书信集》，第274—275页。
③ 《列宁全集》第24卷，人民出版社1990年版，第276页。
④ 《资本论》第1卷，人民出版社2004年版，第22页。
⑤ 《资本论》第1卷，第22页。
⑥ 《资本论》第1卷，第22页。

其辩证法革命性的展示，马克思对辩证法的合理性和革命性作了精辟的阐述：辩证法从事物的肯定与否定两方面，从其必然趋向灭亡的方面来理解现存事物的发展；辩证法不崇拜任何东西，按其本质来说，它是批判的和革命的。[①]

马克思的《资本论》蕴含着黑格尔的辩证法，目前学界集中于对这个问题的探讨。比较典型和细致深入的探讨，是赵敦华老师的《〈资本论〉和〈逻辑学〉的互文性解读》一文，文中指出，《资本论》第1章论述“商品形式”，第2—3章论述“货币形式”和“价值形式”；第4—5章论述的“资本形式”或资本主义的“经济形式”与《逻辑学》“存在论”和“本质论”的范畴形式具有互文性[②]，阿瑟《新辩证法与马克思的〈资本论〉》是对该问题的详尽阐释。

## 二　马克思对黑格尔哲学的批判

随着马克思思想的推进，对黑格尔哲学进行批判的武器也更加科学化，依据学界对此问题的研究，我们归纳出六大批判，批判的顺序和内容的确定是以马克思思想进展的逻辑为基础的：马克思从一般唯物主义立场批判黑格尔的唯心主义国家观，体现在《黑格尔法哲学批判》中；从人本主义异化观的角度批判黑格尔的劳动异化观，但同时看到包裹在唯心主义体系内的黑格尔哲学的合理因素，把人理解为自己劳动的结果，体现在《1844手稿》中；从工业等生产活动作为人类赖以生存的基础的角度批判黑格尔哲学体系的反历史思维方式，体现在《神圣家族》中；汲取黑格尔把握现实的巨大历史感的合理化思维，摒弃黑格尔哲学中超历史的思辨结构，体

---

① 《资本论》第1卷，第22页。

② 赵敦华：《〈资本论〉和〈逻辑学〉的互文性解读》，《哲学研究》2017年第7期。

现在《黑格尔现象学的结构》中；在感性的实践活动中将唯物主义与辩证法有机结合起来，实现对黑格尔庞大哲学体系逻辑起点的批判，体现在《关于费尔巴哈的提纲》中；对黑格尔历史辩证法唯心主义性质的批判，体现在《资本论》的写作过程中。针对上述几点，分别做出具体的分析。

批判一，对黑格尔唯心主义国家观的批判。批判其国家决定市民社会的无根性。费尔巴哈的一般唯物主义原则启发了马克思，使其认识到社会中起决定作用的是经济因素，为此，马克思认为，是作为物质生活关系总和的市民社会决定着国家。马克思认为，国家的真正的构成部分只能是家庭和市民社会，因此，历史发展的原动力也只能是家庭和市民社会。[①] 离开家庭的自然基础和市民社会的人为基础，政治国家就不可能存在。[②]

在黑格尔的视线中，家庭、市民社会、国家等只是绝对理念逻辑运演的环节，是理念规定的实现，但是，马克思认为，这些恰恰是人在现实生活中的存在方式。事实上，只有将抽象的人落实到法人即家庭、市民社会的位置上，才能在真正存在的意义上发展自己的人格，但是，黑格尔把家庭、社会团体等一般的法人，理解为本身只抽象地包含着人格因素的现实的人。马克思认为，资本主义社会是一个异化的社会，它使人的对象性本质即外在的、物质的东西同人分离。[③]

批判二，对黑格尔异化观及解决异化途径所蕴含的哲学观的双重批判。在《1844手稿》中，马克思指出，“对于我们如何对待黑格尔的**辩证法**这一**表面上看来是形式**的问题，而实际上是**本质**的问

① 《马克思恩格斯全集》第3卷，第11页。

② 《马克思恩格斯全集》第3卷，第12页。

③ 《马克思恩格斯全集》第3卷，第102页。

题，则完全缺乏认识”①。

黑格尔哲学的可贵之处在于其看到了劳动的积极方面，即通过劳动过程和劳动结果来确证人的本质。但是马克思特别指出，黑格尔的显著弊端，是没有看到劳动的消极方面。事实上，黑格尔是在普适意义上，即抛开特定社会形态的前提下，去探讨人的劳动的，这种劳动只能是脱离特定历史条件的抽象意义上的劳动。另外，黑格尔唯一知道并承认的劳动是抽象的精神的劳动。黑格尔认为，人的本质，人 = 自我意识。所以，人的本质的异化不过是自我意识的异化（外化）。那么，克服自我意识的异化，就可以消除人的本质的异化。黑格尔认为，通过扬弃意识的外化物（对象）把意识的外化（异化）物收回到意识自身，就克服了异化。

对此，马克思指出黑格尔有双重错误，第一个错误是关于异化的错误理解，将思维的对象化（外化）视作异化；第二个错误是解决异化的方案。对此，我们分别展开叙述。

首先，探讨黑格尔关于异化的错误理解，黑格尔视线中的异化，就是思维的对象化（或外化），即异化 = 思维的对象化（或外化），马克思在《1844 手稿》中指出，黑格尔关于异化的错误理解，集中体现在《现象学》中。关于把财富、国家权力等看成同人的本质相异化，马克思是从思想内容来考察的，即从现实的人的生存状况来考察的，但是就上述判断，黑格尔是就它们的思想形式而言的，在黑格尔看来，财富、国家权力是绝对理念即思维运演的环节。感性的实存的事物是抽象哲学思维的异化。因此，黑格尔哲学的整个运动是以绝对知识结束的。② 从黑格尔的异化 = 思维的对象化（或外化）来看，因此，要消除全部外化和外化历史，即消除异

---

① 《马克思恩格斯文集》第 1 卷，第 197 页。

② 《马克思恩格斯文集》第 1 卷，第 203 页。

化，在黑格尔看来，就是由逻辑的、思辨的思维的生产史来完成的。马克思认为，黑格尔将对象化的思维，即一切不同于抽象思维方式的思维，都被视作异化，这是对异化的错误理解，只有那些“以非人的方式同自身对立”的对象化才被称作异化。即由人创造出来的对象反过来奴役创造它的人的对象化活动和结果，才是现实意义中的真正的异化。

其次，对黑格尔关于消除异化的错误路径的探讨。马克思对消除异化给出了自己的理解：人的感性意识是现实存在着的感性意识，消除感性意识并不能消除异化，宗教、财富，是人的本质力量异化了的现实，是通向真正人的现实的道路。[①] 这是马克思在唯物主义的基础上解决异化的消除问题，马克思将人作为叙述的主体，并将人置于现实的社会中，宗教、财富是人的本质力量异化了的现实，那么，消除异化只有通过现实的或物质的力量才能真正实现。但黑格尔认为，思辨的精神是人的真正的本质，自然界的人性，是抽象的精神的产品。[②]

在黑格尔看来，人的本质异化不过是自我意识的异化。事实上，意识中关于人的本质的异化，是现实中人的本质异化的表现。黑格尔消除异化的办法是这样的，思维通过重新占有异化了的对象性本质的全部，即把对象性本质合并于自我意识，就可以消除异化现象了。因此，对象向自我的复归就是对对象的重新占有。[③]

批判三，对黑格尔思辨哲学中反历史思维方式的批判。对于这一批判从《神圣家族》中可以窥见，前面提及恩格斯还赞扬过黑格尔的思维方式有巨大的历史感，再批判其反历史的思维方式，不是前后矛盾了吗？这里，特别指出，黑格尔的历史感，是指思维发展

---

① 《马克思恩格斯文集》第1卷，第204页。
② 《马克思恩格斯文集》第1卷，第204页。
③ 《马克思恩格斯文集》第1卷，第207页。

的历史感，而思维发展的历史要建立在现实的物质生产活动的基础上。但是，黑格尔坚持抽象的普遍理性是第一位的东西，是真实的存在。对黑格尔反历史的批判体现在以下三方面。首先，揭示了黑格尔思辨结构的秘密。黑格尔认为，具体事物的本质是本源性的定在，比如果品相较于具体形态的苹果、梨来说，是本源性的存在。现实中，我们可以直接感受到苹果和梨的具体形态的差异，将二者区分为不同的具体形式，“但是我的思辨的理性却宣称这些感性的差别是非本质的、无关紧要的。”[①] 在黑格尔看来，抽象思维的产物即“实体”是感性实存东西的真正本质。黑格尔不同于常人的特别之处在于，他认为是抽象的理智创造出感性的现实的自然实物，感性存在的苹果、梨只是虚幻的果实。[②] 但是黑格尔的特别之处，还在于他把抽象的理智活动，认定为绝对主体“果品”的自我活动。[③]

黑格尔思辨思维的神秘之处，就是把实体（抽象的概念或事物的本质）理解为主体，理解为思维展开的内在过程，并赋予其主体的功能，或者说人格的特质。[④] 这种方法往往诱使读者把思辨的阐述看成是现实的，而把现实的阐述看成是思辨的。[⑤]

其次，对黑格尔历史观的批判。黑格尔的历史观不是以现实的人的感性活动为前提的，绝对精神是其历史观建构的基础，绝对精神外化出来，需要一个承担者，群众就是绝对精神有意识或无意识的承担者。群众经验的、公开的历史活动承载着绝对精神的逻辑运演。这样，人类感性的生产活动的发展史被黑格尔改变为抽象精神

① 《马克思恩格斯文集》第 1 卷，第 277 页。
② 《马克思恩格斯文集》第 1 卷，第 279 页。
③ 《马克思恩格斯文集》第 1 卷，第 280 页。
④ 《马克思恩格斯文集》第 1 卷，第 280 页。
⑤ 《马克思恩格斯文集》第 1 卷，第 280 页。

或绝对精神的历史，这种历史是脱离于现实的人的物质活动的历史。[①]

在黑格尔那里，历史的绝对精神的运动体现为两个过程和两个主体，两个过程表现为，经验的、公开的物质运动的历史过程和对绝对精神外化出来的经验的历史过程的回顾过程。两个主体，一是指群众，作为绝对精神外化的物质承担者；二是指哲学家，完成对创造历史的绝对精神运动后的回顾。[②]

最后，马克思针对黑格尔唯心主义理解历史的特征，一针见血地指出，思想永远不能超出旧世界秩序的范围，因为世界秩序决定思想的内容，思想要得到实现，就需要有使用实践力量的人来改变世界秩序。[③] 离开实践的力量，任何思想或批判都将失去其存在的基础，马克思在对鲍威尔等进行批判的同时，也在实践的基础上，对黑格尔进行了批判，马克思指出，离开人对自然界的关系，包括认识关系和实践关系，表现为自然科学和工业等的存在，离开人类赖以生存的生产方式，离开对这些关系等的认识，我们对自己置身于的历史时期，是无法认识清楚的。[④]

批判四，对于黑格尔辩证法的合理因素我们要汲取，但对其中的超历史的思辨结构，我们必须坚决地加以批判。这一批判体现在《黑格尔现象学的结构》中，共计四小点，第 1 条，自我意识代替人。第 2 条，黑格尔在思辨范围内解决了事物实质的区别。第 3 条，扬弃异化等于扬弃对象性。第 4 条，意识中对对象的扬弃，就等于在实践中对真正对象的扬弃。[⑤]

第一条，是针对黑格尔主词和宾词颠倒的唯心主义错误展开的

① 《马克思恩格斯文集》第 1 卷，第 291—292 页。
② 《马克思恩格斯文集》第 1 卷，第 292 页。
③ 《马克思恩格斯文集》第 1 卷，第 320 页。
④ 《马克思恩格斯文集》第 1 卷，第 350 页。
⑤ 《马克思恩格斯全集》第 42 卷，第 237 页。

批判。黑格尔错误地将绝对理念作为主词，而将现实的人的感性活动作为谓词，这里用自我意识代替黑格尔的绝对理念，是马克思有意为之。

第二条，这一条是马克思直接批判费尔巴哈哲学的，同时凸显出马克思对黑格尔辩证法即把握现实的、具体的、历史的辩证法思维的肯定，对认识活动中思维的能动性的肯定。当然，黑格尔的辩证法是包裹在形而上学的外壳下的。

第三条，针对费尔巴哈和黑格尔关于异化的理解，马克思发现了两人观点的共同之处，即都把对象性理解为异化状态，并把扬弃异化等于扬弃对象性。不同的是，对于扬弃异化途径的差异，黑格尔将扬弃异化理解为绝对观念的自我回归，而费尔巴哈将扬弃异化看作人的类本质的回归。关于扬弃异化途径的不同表述中，马克思发现二者同样落入了预设的逻辑框架中，事实上，黑格尔的“绝对理念”和费尔巴哈的“类”具有同质性。二者都没有将实践本质作为探讨问题的根基。

第四条，黑格尔和费尔巴哈只是在理论思维中扬弃对象化，并没有在现实中扬弃对象化，那么，怎样才能真正扬弃对象化呢？马克思借用赫斯的“实践的人道主义”取代费尔巴哈的“理论的人道主义”，但是赫斯的“实践的人道主义”中的“实践”是抽象的“实践”，是关于理想中的自由自觉的本质的实践。针对以上观点的抽象性，马克思特别强调“现实的活动”。“现实的活动”或感性活动，不仅是理解世界的前提，在感性活动中生成的社会关系，又是确定人的本质的基础。至此，我们不难理解黑格尔和费尔巴哈等哲学作为解释世界的归宿，只能在思维领域绕来绕去。

批判五，马克思在《关于费尔巴哈的提纲》中，批判了两种错误地理解世界的方式，即旧唯物主义和唯心主义地理解世界的方式，两种错误地理解世界的方式有一个共同的特征，即都未从人的感性活动中理解世界。虽然黑格尔的唯心主义哲学大厦建构的逻辑起点，始于思维和存在合一的绝对理念，但是黑格尔视线中的事物是消极的、转瞬即逝的。将“绝对”设定为主客统一的最高的逻辑起点，但这只是将人的理性从人的感性存在中分离出来，并将其绝对化为神秘的客观力量，黑格尔理解事物的标准，是将其放在与主体的相互关系之中来审视的，[①] 事物就是我，这个判断说明，事物并不是自在的东西，事物只有在与我的关系中，才有意义。[②] 在黑格尔的逻辑设定中，事物只有在与“我”的关系中对“我”来说获得了某种主体性的价值和意义的时候，才是自为的存在。这是黑格尔抽象地发展了人的能动方面的例证。

在黑格尔的思辨结构中，虽然没有在存在论意义上否认感性存在的独立地位，但他将事物的物质方面看作僵死的、转瞬即逝的部分，因此，物质方面的特性是可以被忽略的。但是，马克思认为，对象的物质方面在自然存在的意义上具有独立地位，尤其是在社会存在中的人类实践活动，是黑格尔“绝对”概念建立的基础，特别是其中的经济关系是其建构思辨逻辑的现实来源。[③] 处在一定经济关系中的人，必然处于一定的物质生产活动中，处在一定的分工体系中，资本主义制度中的工人阶级，作为一无所有的劳动者，只有依靠出卖自己的劳动力，成为雇佣工人，在永不停息的劳动中，获得微薄的工资以维持生存，这种异化状态的生存状况，迫使工人阶级奋起反抗，马克思终其一生甘愿为工人阶级的解放提供思想武器，所以在《关于费尔巴哈的提纲》中特别强调，我们的使命是改变世界，而不是解释世界。[④]

---

① 翁寒冰：《马克思对黑格尔的五次批判——一种反思性的学术解读》，博士学位论文，南京大学，2013 年，第 138 页。

② 黑格尔：《精神现象学》（下卷），商务印书馆 2010 年版，第 295 页。

③ 翁寒冰：《马克思对黑格尔的五次批判——一种反思性的学术解读》，第 140 页。

④ 《马克思恩格斯文集》第 1 卷，第 502 页。

批判六，马克思在写作《资本论》过程中批判了黑格尔历史辩证法的唯心主义性质。当然，马克思公开宣称自己是黑格尔的学生，可见，马克思在《资本论》中，展开对资本主义生产方式的剖析，是运用了黑格尔辩证法的合理内核，这在前文已作阐述。这里我们主要分析马克思对黑格尔历史辩证法唯心性质的批判。马克思指出，我们研究某个具体实在的时候，不能停留于具体的表象，这只会得到一个“混沌的表象”。我们必须“通过更切近的规定……达到越来越简单的概念；从表象中的具体达到越来越稀薄的抽象，直到我达到一些最简单的规定”[①]。对于马克思的这段话我们简要概述为透过现象看本质，即从诸多的具体属性中，找出该事物的本质属性。

马克思进一步指出，接下来要做的是，“从抽象上升到具体”，这里的具体，我们理解为可以构成对最初那个作为现实起点的具体的层级式的阐释，这种层级式的阐释，来源于最初作为现实起点的具体的内在固有的属性，这种层级式的阐释构建起对现实起点的具体的整体理解。这里，作为思维结果的具体，不再是那个现实起点的具体，而是现实的具体在思维中的再现。这里隐含着一个直白的哲学原理，即现实的具体是形成思维中的具体的基础。但是，在黑格尔的思辨哲学中，“现实”被理解为在思维中经过理解而再现的具体，现实中的具体是非“现实”的。因此，我们不难得出黑格尔的判断，“哲学的内容就是现实”。黑格尔的哲学根基和马克思的理解完全相反，马克思认为，现实中的具体是我们思考的起点，实践是实现对现实中的具体认知的根本途径。黑格尔认为，现实的发展和理性的展开是同向的，理念发展的终点就是现实必然的展开。[②]

---

① 《马克思恩格斯全集》第30卷，第41页。

② 翁寒冰：《马克思对黑格尔的五次批判——一种反思性的学术解读》，第167页。

马克思明确指出："因此，黑格尔陷入幻觉，把实在理解为自我综合、自我深化和自我运动的思维的结果，其实，从抽象上升到具体的方法，只是思维用来掌握具体、把它当作一个精神上的具体再现出来的方式，但决不是具体本身的产生过程。"① 通过黑格尔关于家庭、市民社会、国家三者关系的逻辑推演，我们可以看出其历史辩证法的唯心主义性质，即不是从社会中现实的具体事物入手，去厘清事物之间的逻辑关系，只是在思维的逻辑运演中去看待社会的发展。比如黑格尔是这样推演家庭、市民社会和国家之间的关系的，家庭范畴通过逻辑演绎发展为市民社会范畴，而市民社会范畴又通过逻辑演绎发展到国家范畴，这种推演的直接后果是：国家范畴是从这一系列范畴的发展中得到的。② 马克思对此指出，"实在主体仍然是在头脑之外保持着它的独立性……在理论方法上，主体，即社会，也必须始终作为前提浮现在表象面前"③。思维中的概念以及它们之间的逻辑关系皆是以现实中的事物的独立存在为前提的。而黑格尔自己设定了一个前提，即绝对理念，以此作为逻辑推演的起点。现实中的具体事物皆被纳入其复杂的逻辑运演中。

---

① 《马克思恩格斯全集》第30卷，第42页。

② 翁寒冰：《马克思对黑格尔的五次批判——一种反思性的学术解读》，第172页。

③ 《马克思恩格斯全集》第30卷，第43页。

# 第五章

# 马克思市民社会概念与其哲学观的变革

## 第一节 市民社会概念在马克思哲学观中的重要位置

### 一 从唯物史观的内容看

从唯物史观的内容来看，市民社会概念在其中占据重要的位置，可以说是唯物史观的核心概念，它是解读作为上层建筑部分的国家及其所属意识形态性质的重要基石。生产资料所有制的性质决定市民社会的性质，市民社会的性质决定国家为谁服务。意识形态作为意识形式的组成部分，是统治阶级利益或价值观的反映。这样，就为宗教异化及政治异化找到了唯物的历史的基础。宗教作为一种意识形态，理所当然地服务于占据统治地位的阶级利益，抬出天国作为被压迫阶级的精神寄托，让被压迫阶级安于被剥削被统治的现状。资本主义社会的政治异化，指资本主义国家并没有代表全体人的利益，国家机器的实际作用和法律上的承诺相背离，这是由市民社会的性质决定的。资本主义的国家不可能如其法律上的规定那样，切实保障全体公民的自由和平等，这只是资产阶级为了取得政治上的统治而采取的收买人心的手段而已。

## 二 从马克思思想发展的过程看

从马克思思想的发展过程看，市民社会是实现其政治理想的基石，也是建构唯物史观的核心概念。马克思最初接受了黑格尔关于自由的理性论证，黑格尔认为国家作为伦理实体（理性）发展的最高阶段，它远远高于家庭及市民社会，理应代表全体人民的利益，所以国家决定市民社会，在国家中可以实现人的自由的发展。但是，马克思一旦进入社会实践领域，真正接触到物质利益的纠纷时，才发现国家及其法律处处沦为维护私人利益的工具，1843 年的马克思在思想上迷茫和困惑，对黑格尔唯心史观的怀疑和颠倒，成为马克思将要付诸行动的方案。费尔巴哈的两篇哲学短文启迪了马克思：历史发展过程的钥匙，只能到市民社会中寻找。

唯物史观生成之前，马克思思想上的进展都是围绕市民社会这一概念实现的。如《克罗茨纳赫笔记》中的重大突破，表现在几个方面：所有制问题、阶级特权问题、代表制问题、人民主权问题。所有制问题是市民社会（生产关系）构成要素的核心内容，它决定了产品的归属问题及人们在社会生产中的地位。而阶级特权问题、代表制问题及人民主权问题作为上层建筑的构成成分，其状况及其性质皆由市民社会（生产关系）的性质决定。

在《1844 手稿》中，马克思揭示了资本主义社会工人劳动异化的事实，劳动异化实则隐含着一对矛盾——生产力与生产关系（市民社会）的矛盾，马克思指出，劳动（生产力）与资本（生产关系）的对立达到极端，就会导致整个社会关系的崩溃。这里以具象化的思维，揭示了资本主义社会固有矛盾的不可克服性，为无产阶级解放和人类解放的必然性做了铺垫。

在《评弗里德里希·李斯特的著作〈政治经济学的国民体系〉》一书中，马克思在批判李斯特的唯心主义哲学观的同时，对资本主义工业作为生产力和生产关系（市民社会）的双重内涵给出了详细的分析，并在强调生产力与生产关系的区别时阐发了生产力与生产关系矛盾运动的思想。这里马克思把作为生产关系的工业称为“交换价值”“社会组织”“私有制”，这样，对生产关系（市民社会）的理解更加具体化和直观化。

马克思在其后成熟时期的哲学著作即《关于费尔巴哈的提纲》与《德意志意识形态》等著述中表述的核心观点或者是直接围绕着市民社会，或者是我们只有立足于市民社会概念才能理解其要表述的基本观点。对于后者在《关于费尔巴哈的提纲》中表现得较为明显。如关于理解世界三种方式的表述，马克思在批判唯心主义、机械唯物主义的同时给出了自己的观点，在感性活动中理解世界。这里的感性活动，我们只有将其置于特定的历史维度中方可得到合理的解释，而历史维度就是基于唯物史观（社会有机结构）框架对人与社会的历史解读。市民社会概念的表述是在《德意志意识形态》中完成的，其重要作用，又是在唯物史观中呈现出来的。唯物史观内容的呈现离不开市民社会概念，而市民社会概念也只有置于唯物史观中才可得到完整的理解。

## 第二节　基于市民社会概念的马克思对费尔巴哈的超越

### 一　马克思超越费尔巴哈的实质：市民社会概念的生成

马克思哲学对费尔巴哈直观唯物主义或人本主义哲学的超越，可以从理解世界的三种方式上给出解答，但是一旦将感性活动落实到具体社会形态中，就超出了认识论的范畴，就会出现诸多异化现象，而能将异化现象彻底解释清楚的，只有马克思的唯物史观。在唯物史观基础上，马克思才能实现对费尔巴哈哲学的真正超越。对于唯物史观的称谓，出现了以下几种差别：实践唯物主义、辩证唯物主义、历史唯物主义，并以其各自侧重点的不同来界定马克思哲学的性质，这失之偏颇，也没有真正从马克思思想发展的源头入手解决这个问题，马克思思想贯穿着一条主线：从极力赞扬费尔巴哈（掺杂着少许的不满）到彻底批判费尔巴哈，而与费尔巴哈联系起来的媒介是探讨市民社会与国家的关系，市民社会和国家之间，谁决定谁关系到哲学立场与思维原则的定位问题，甚至是阶级立场的差别问题。马克思毅然放弃黑格尔的唯心主义国家观，确立了市民社会决定国家的唯物主义观点，这与费尔巴哈的两篇哲学短文对马克思的启迪有着重要的关系。接下来，马克思要解决的难题是市民社会为何成为决定国家的力量，如何理解市民社会与生产力的关系，如何理解市民社会与意识形态的关系，这些都是有待马克思破解的谜团，而这些谜团的破解都围绕着一个中心概念——市民社会。

因此，马克思超越费尔巴哈的实质，可以从马克思思想成熟的标志——基于市民社会的唯物史观的生成来体现，唯物史观视线中的人，是从事物质生产实践的人，这超越了费尔巴哈眼中的感性直观的人，唯物史观视线中从事物质生产活动的人，必定处于一定的生产关系中，这超越了费尔巴哈视线中的抽象的人，马克思建构唯物史观，不是为了解释世界，而是为实现无产阶级的解放寻找科学的武器（资本主义制度不是永恒不变的），这超越了费尔巴哈的纯粹的批判世界。

市民社会的性质在根本上决定了该社会形态的性质，也决定了该社会占统治地位的阶级利益取向，这样，马克思就可以对《莱茵报》时期的国家与私人利益之间的矛盾给出合理的解释，资本主义社会的国家只会代表占据统治地位的集团的利益，即只会代表有产者的利益，绝不会代表全体人民的利益。同时市民社会的性质也决定了该社会制度的性质及其所采取的统治形式（代议制或君主专制），此时的马克思明白了代议制绝对不会是人民代表制，它只是统治阶级实现自身统治的政体形式。市民社会也决定了该社会占统治地位的意识形态的性质，这样马克思就可以对各种思潮斗争的实质给出唯物的解释。

通过对市民社会核心地位的释读，马克思形成了解释整个社会运行的有机链条，生产力—生产关系—上层建筑，生产关系指市民社会，也被称作经济基础。如果将唯物史观回溯到马克思最初的困惑点上，即市民社会与国家的逻辑关系上，唯物史观既解决了令马克思最初困惑的问题，也将市民社会置于物质基础（生产力）上。马克思从生产力和生产关系的矛盾运动入手，认为作为受生产力制约同时也制约生产力发展的交往形式就是市民社会，而交往形式的内容表现为分工的存在，分工又导致了利益差别的存在，这直接体现为产品分配的不公平。从上述分析中，我们不难看出市民社会的性质决定了国家的性质，也决定了分工有别的不同角色的利益的差别，自然对资本主义社会劳动异化的诸多表现，有了更深刻的认识。如果从根本上解决劳动异化和资本主义无法克服的矛盾，只有变革生产资料所有制的性质，以公有制取代私有制。在全体人民共同占有生产资料的共同体中，人的自由全面发展目标的实现，就会成为现实。

马克思对于费尔巴哈的态度，从最初的对费尔巴哈的高度赞扬到最后的彻底批判，早期的马克思在思想上，把费尔巴哈的抽象的类本质作为评判社会进步的尺度，在方法上把费尔巴哈的异化理论作为阐述社会现象的手段。之所以如此，原因在于马克思还未找到破解历史之谜的钥匙，没有实现对市民社会这一概念进行彻底剖析基础上的全方位把握，也就没有唯物史观的生成。所以，就不会在彻底的意义上实现对费尔巴哈的真正超越。

从马克思思想推进的过程中，我们看出马克思最初受费尔巴哈的人本主义哲学的影响，确立了市民社会决定国家的一般唯物主义观点，不仅吸收了费尔巴哈的唯物主义思想，也把费尔巴哈的人本主义异化方法作为探讨社会的手段。马克思最初的进步都包裹在费尔巴哈的人本主义框架下，一边是思想内容上的进展，一边是方法形式上的非真实性，这就是早期马克思在思想发展上的矛盾方面。这一矛盾持续到《神圣家族》这一著作的问世，在《神圣家族》中，马克思才以实践的观点代替了异化的观点，以现实历史中的人代替了抽象的人，实现了内容的进展与方法的成熟的统一。

从马克思思想推进的过程中，我们可以领略到马克思超越费尔巴哈的过程不是一蹴而就的，而是在艰辛的理论探究中和反复的社会实践中逐渐实现的。费尔巴哈的人本主义哲学对早期的马克思的影响是巨大的，但随着对世界历史、政治、政治经济学的研究和社会实践的启示，马克思发现费尔巴哈的哲学对其理想的实现，不但起不到任何的作用，反而成了其实现理想的障碍。所以在 1842 年到 1845 年期间，在马克思经典文献中，我们发现关于费尔巴哈的论述经历了戏剧性的变化，从《1844 手稿》中的高度赞扬到《关于费尔巴哈的提纲》及《德意志意识形态》中的彻底批判，说明了马克思的思想发展经历了曲折的过程。

## 二 感性活动超越感性直观

马克思在《关于费尔巴哈的提纲》中给出了理解世界的三种方式：第一，机械地理解事物，只从客体的方面理解事物，把人的主观能动性抛在一边，而费尔巴哈虽然强调了人的直观能力。但是没有把这种主客体的统一活动置于人的感性活动中；第二，唯心主义地理解事物，即夸大人的主观能动性，而忽视了客体的客观规律性；第三，把主客体的统一置于感性活动中，在感性活动中，既有人的主观能动性，又有客体的客观规律性。

对于感性活动，传统的解释是实现了主客体的统一、合目的性和合规律性的统一、历史和逻辑的统一。这种解释需要一个限制条件，就是这样的感性活动是一般意义上的感性活动，或者是摆脱了私有制限制的社会形态中的感性活动。

对于一般意义上的感性活动，马克思在《1844 手稿》中给出了描述，马克思认为人的生存活动不同于动物的生存，动物的生存和其生命活动是统一的，而人则不同，人可以把自身的活动作为意识的对象，这一点决定了人是类存在物。也正是人可以把自身的生命活动当作意识的对象，决定着人的生存是能动的存在，人不是从自然中直接获取生存资料，人可以凭借自身的能动性在改造自然的活动中，获取生存资料。人类改造自然的活动，可以按照多种尺度进行，体现了合目的性与合规律性的统一，人类能动的实践活动，承载着人类求真、求善、求美的统一。

人类自由自觉的类活动，一旦落实到特定的社会形态中，特别是阶级社会中，自由自觉的类活动就会发生异化，马克思正是从资本主义社会的劳动异化的分析中，看到了劳动和资本的对立，劳动和资本的对立达到极端，就是整个社会关系的顶点、最高阶段和灭亡。劳动代表生产力的发展方向，与先进阶级的发展意向相一致，生产力发展到资本主义的中后期阶段，出现了更加专业和细致的分工，要求在全社会范围内进行资源的有效配置，即生产力的发展出现了社会化大生产的要求，但是从资本的本性来说，对利润的永无休止追逐，是它存在的惯性，各个资本家只能根据市场上价格信号的高低调节个人的生产，这种生产资料的私人占有制显然满足不了社会化大生产的要求。资本主义经济危机的周期性爆发成为社会的必然。

唯物史观形成之后，马克思就可以用生产力和生产关系之间的矛盾解释上述劳动和资本的对立。通过对资本主义劳动异化现象的剖析，及后来在市民社会基础上的唯物史观的建构，马克思在唯物主义的基础上完成了对国家、法、意识形态的合理解释，这些上层建筑的观念部分，是由市民社会（经济基础）的性质决定的，显然，只有改变后者的性质，才能改变前者的性质。那么，铲除资本主义私有制，实现全体人民共同占有生产资料，在此基础上形成的国家理应代表全体人民的利益。马克思从对资本主义感性活动的异化分析上得出了批判旧世界的革命结论，承担这个革命任务的阶级理应是被剥削被压迫的阶级——工人阶级。

马克思的感性活动不只是作为理解世界方式的科学方法论的存在，即实现主客体的统一、目的性和客观性的统一、历史和逻辑的统一。重要的是，马克思从感性活动中发现了异化劳动，对异化劳动秘密的破解，是马克思终生奋斗的事业。马克思认为，感性活动的最基本形式，是物质的生产活动，物质生产活动是人类生存和发展的基础。但是费尔巴哈鄙视物质生产活动，只承认感性的直观。马克思对其批判道，工业等生产活动是人类赖以生存的基础，也是他的“感性确定性”存在的基础。[①] 马克思对费尔巴哈的批判告诉我们，我们周围的感性世界不是自然界的原初物，而是工商业活动的结果，这既包括我们使用的物品，也包括人类得以发展的承载物——社会制度。因此，费尔巴哈的感性对象也是工商业活动的结果，甚至连费尔巴哈的直观能力也是建立在人类的生产活动之上的。

费尔巴哈哲学的弊端在于把人只看作是“感性的对象”，而不是“感性的活动”，“感性的对象”和“感性的活动”的本质差别何在呢？前者只是认识论范畴探讨的内容，因而只会局限在理论领

① 《马克思恩格斯文集》第1卷，第528页。

域内；而后者不仅仅是建立科学认识论的基础，重要的是承载着改变世界的价值诉求。前者只会看到肉体的、生物学意义上的人；后者会从社会关系中审视人的生存状况。前者诉诸理想化的爱与友情来铲除现实社会的罪恶；后者认为变革世界是建立在革命的实践的活动基础上的。由于费尔巴哈没有从人们共同的活生生的感性活动入手来理解感性世界，没有批判在感性活动基础上生成的生活关系，所以当他看到社会中贫困现象时，幻想通过理想化的"类的平等化"来消除社会的灾难。这里，"正是在共产主义的唯物主义者看到改造工业和社会结构的必要性和条件的地方，他却重新陷入唯心主义"[①]。

马克思对费尔巴哈哲学的实质给出了总结："当费尔巴哈是一个唯物主义者的时候，历史在他的视野之外；当他去探讨历史的时候，他不是一个唯物主义者。"[②] 这也印证了马克思在对费尔巴哈高度赞扬的时候的少许不满：对自然谈论的太多，而对政治关心的太少。也正是这少许的不满，决定了马克思立足于人的自由的实现的政治理想，围绕着市民社会与国家的关系问题的探讨，最后成功地探讨出实现人类自由发展的革命道路。

感性活动承载着主客体的统一、历史和逻辑的统一，这使得马克思的哲学在感性活动的基础上实现了对唯心主义的否定，对机械唯物主义的否定，也实现了对费尔巴哈感性直观的否定。但是只有进一步把感性活动落实到具体的社会形态中：作为生产力和生产关系的载体，作为特定社会形态中的实践的样态，这样的感性活动（实践）由于受到特定的生产关系（市民社会）性质的制约，就偏离了自由自觉的活动的特性。如在资本主义社会形态中，感性活动

---

① 《马克思恩格斯文集》第1卷，第530页。

② 《马克思恩格斯文集》第1卷，第530页。

出现了异化的现象，通过对异化的感性活动的剖析，马克思得出了资本主义社会关于市民社会与国家上层建筑相互制约的社会结构的性质。正是在对感性活动（实践）的具体分析中，我们才可以理解马克思关于实践的论断："人应该在实践中证明自己思维的真理性，即自己思维的现实性和力量，自己思维的此岸性。"[①]

对于这里的实践我们只有理解为特定社会形态中的感性活动，并将其置于特定社会形态的生产关系（市民社会）中，才能理解感性活动异化的史实，理解基于市民社会基础上的各种观念、哲学思潮的论争。从而在唯物史观的基础上，知晓了思维的争论离不开现实的物质基础，离不开代表各自利益的不同集团的斗争。统治阶级的意识形态只不过是物质上占统治地位的阶级在观念上的反映。

所以，我们认为在实践中实现的主客体的统一，不只是思维意义上合目的性和合规律性的统一，它具有特定的社会性质，离开特定的市民社会而谈论实践，只是将实践纯化的不现实的态度。置于特定社会形态中的实践（感性活动）才具有了承载不同利益集团的争斗，也承载着不同利益集团的观念的论争，观念的论争源于现实的感性活动中分工的差异及其产品分配数额的不同。

感性活动（实践）作为主客体统一的活动，体现了人的主观能动性和客观规律性的统一，作为实践的主体，可表现为整体的人类，也可表现为个体的个人，在类整体的实践（感性活动）中，由于人类主体的能动性，异化状态的感性活动迫使人类不断努力，为争取自由自觉的感性活动而斗争。作为个体的个人，在自身的实践活动中，如果没有达到预期的效果，就会不断地调整实践方案，直至达到预期的实践效果。不论就类整体的实践状态而言，还是从个体的实践努力来说，实践既可以作为感性活动的客观过程，也可作

① 《马克思恩格斯文集》第1卷，第500页。

为一种思维方式而存在，这种思维方式的特征表现为对现存状态的否定趋向，向着理想状态发展的无止境追求，这种思维方式在现实生活中表现为一种人类生存的惯性：在批判旧世界中发现新世界。

### 三　现实的历史中的人超越抽象直观的人

人的问题是费尔巴哈哲学的核心，也是他批判唯心主义及宗教问题的砝码。他对哲学的理解不同于唯心主义，片面夸大人的主观能动性，也不同于机械唯物主义的理解，把思维与存在统一到已经被思维羽化了的物质上来，费尔巴哈认为思维与存在统一的基础是感性的人，感性的人以自然为基础，费尔巴哈并对感性作了具体的规定：感性意味着有痛苦，能感受到痛苦；感性意味着时间和空间的存在；感性意味着生命的不可分割性；感性意味着在爱之中。尽管费尔巴哈对感性给予了合理的解释，把思维与存在统一的基础更加具体化，但是我们看到，在费尔巴哈的视线中，人的存在缺乏历史的维度，人成了脱离现实没有基本生存需要的理想化的人，所以费尔巴哈在批判传统形而上学的过程中，取得了巨大的进步，但是，由于他没有把人置于现实的社会环境中，所以在历史领域重新陷入了形而上学。

而马克思不同于费尔巴哈的地方在于他在一开始就把对于人的自由问题的探讨置入国家与市民社会的关系之中，在社会历史维度中探讨人的自由实现的问题，并在此基础上谈论各种意识形式的论争。

费尔巴哈把自然的感性的人作为思维和存在统一的基础，并认为脱离这个基础的永恒的万能的无限的上帝只是唯心主义荒谬的幻想。一切只能来源于此岸的感性的人、有限的人、自然的人。在费尔巴哈的思想中，形成了此岸的有限的感性的人与彼岸的无限的想象中的上帝的对立，费尔巴哈认为，彼岸上帝的完美是人的本质的异化，宗教中上帝的形象，应以现实的人为基础。那么，现实中的苦难的人为何想象出完美的上帝呢？费尔巴哈对此问题是无从知晓的，只能归结为，人的本质的异化带来宗教的异化。对此，马克思评价道，费尔巴哈把宗教世界归结于它的世俗基础。他没有注意到，在做完这一工作之后，主要的事情还没有做。费尔巴哈只能用这个世俗基础的自我分裂和自我矛盾来说明。[①]

通过费尔巴哈对哲学的理解我们不难知道，他视线中的世俗基础就是感性的自然的人，根本不懂得世俗基础的历史架构，即在物质生产方式基础上的社会中的人。对此，马克思写道：迄今为止的一切历史观均把人对自然界的关系从历史中排除出去了，因而造成了自然界和历史之间的对立。[②]

马克思将人的存在置于特定的历史维度（物质生产方式）中，立足于物质生产方式基础上的历史观就可以唯物地解释宗教的异化，而不是如费尔巴哈那样只是在认识论的角度理解宗教的异化。

基于市民社会基础上的唯物史观的生成，使马克思理解了市民社会为何成为决定国家的力量，也在唯物史观的基础上破解了宗教、法律、意识形态的价值指向，知晓了宗教异化的根源在于市民社会的性质。不仅如此，马克思把人的存在置于特定的历史维度中，这时的马克思看到了人的存在的不自由，基于唯物史观基础上，马克思为人摆脱异化的生存状态，实现自由发展找到了革命的道路。

只有立足于现实的感性存在，才能揭示个人置身于的社会结构和政治结构同生产的关系。[③] 为此，可以得出，“人的本质不是单个

---

① 《马克思恩格斯文集》第 1 卷，第 504 页。

② 《马克思恩格斯文集》第 1 卷，第 545 页。

③ 《马克思恩格斯文集》第 1 卷，第 523—524 页。

人所固有的抽象物。在其现实性上，它是一切社会关系的总和”①。“个人是什么样的，这取决于他们进行生产的物质条件。”②

费尔巴哈虽然对宗教极端憎恶，但是找不到导致宗教异化的真正的现实根源，自然也就找不到消除宗教异化的途径。要从费尔巴哈的抽象的人转到现实的、活生生的人，就必须把这些人作为在历史中行动的人去考察。③

在历史中行动的人就是立足于市民社会之上的人，是在生产力和生产关系的矛盾运动中生成的国家、制度及其相应的意识形态等这些历史条件中的人，而意识形态作为占统治地位的思想，不过是占统治地位的物质关系在观念上的表现而已。

## 四　实践中改造世界超越理论中批判世界

费尔巴哈和马克思共同生活在德国，19 世纪 30 年代的德国是两种势力对立的时期，即占统治地位的封建专制统治和新兴资本主义的对立。费尔巴哈敌视一切君主专制的封建国家。他认为，王权起源于上帝的观点是胡说八道。人们建立国家是为了反映人们的意志和愿望的。费尔巴哈把权威无限的君主国家宣布为不道德的国家。他赞成资产阶级民主制的国家。他甚至认为民主主义者应当向人民呼吁并要求召开新议会。费尔巴哈写道：“当出身于人民而且怀着坚决的民主主义情绪或共和主义情绪的新人物还没有替代旧式的官僚、旧式的部长和官员以前，安宁就不会到来，稳定的政府就不会出现。假使说这跟灾难相联系，那就让它这样好了；没有灾难就不能使世界得到拯救。”④

① 《马克思恩格斯文集》第 1 卷，第 501 页。

② 《马克思恩格斯文集》第 1 卷，第 520 页。

③ 《马克思恩格斯文集》第 4 卷，第 294 页。

④ 格留恩：《费尔巴哈的通信和遗著……》，德文版，第 1 卷，莱比锡 1874 年版，第 375 页。

从以上的表述中，可以看出，费尔巴哈是作为资产阶级的代表反对封建专制统治的，甚至有暴力革命的倾向（没有灾难就不能使世界得到拯救）。费尔巴哈面对封建专制的迫害，有追求自由的愿望和行动。在他的著作中有多处关于自由的描述："自由在通俗的、即一般的意义上不意味别的，而只意味没有明显的强制。"① 自由是给人以无限活动的范围。"自由当然是最高级的东西，但它也和理念一样不是开端；它是目的；……自由是教育的结果。"② 费尔巴哈不仅有追求自由的愿望，还有付出了的切实行动，面对封建专制对进步言论的迫害，也没有放弃追求真理和自由的决心，离开大学讲坛到布鲁克堡村度过了25年的乡村生活。在同封建专制及愚昧的宗教作斗争的过程中，费尔巴哈堪称无畏的战士，具有学者追求真理的不屈精神。基督教作为封建专制的主导意识形态，借上帝之名，肆意剥削愚弄百姓，费尔巴哈反对宗教被亵渎和利用，他在批判当下的宗教的同时，意在建立爱的宗教，爱的宗教是建立在生物性的人彼此相爱基础上的。

从费尔巴哈对自由的理解上，可以看出他是从认识论的角度理解自由的，没有把自由同人的现实存在（市民社会性质）联系起来，所以根本不懂得导致宗教异化的根源的世俗基础——市民社会的性质。马克思和费尔巴哈一样有实现人类自由的理想，从他的博士学位论文中可以看出这一点，马克思对理想的实现，不是如费尔巴哈那样，仅仅诉诸理论的批判，而是切实参加社会实践并同当局进行了不屈不挠的斗争，在《莱茵报》时期的社会实践中，马克思把对自由问题的认识置于国家与市民社会的框架中，这在起点上就远远高于费尔巴哈对自由的纯粹认识论意义上进行的理解，并

---

① 《费尔巴哈哲学著作选集》上卷，第592—593页。

② 《费尔巴哈哲学著作选集》上卷，第598页。

且，他们代表的阶级利益的差异，决定了他们实现理想的途径的差异。马克思代表底层百姓的利益，在反对普鲁士的专制统治的同时，集中反对使工人生存异化的资本主义私有制，并围绕国家与市民社会这一对矛盾进行了艰苦的理论探索，在研究世界历史、政治、政治经济学的过程中，在对各种唯心主义思潮进行批判的过程中，逐渐破解了市民社会之谜，并在此基础上诞生了科学地解释国家、意识形态等的唯物史观（社会有机系统）。

马克思通过市民社会概念并由此生成的社会有机系统的矛盾运动，科学地解释了国家、宗教等上层建筑的性质及其运动规律，也看到了消除宗教异化的途径是消除经济异化，即铲除劳动异化的根源——生产资料私有制，从而消灭政治异化和宗教异化，实现人的自由自觉的类本质。

基于市民社会基础上的唯物史观的生成，马克思理解了人的存在的不自由（劳动的异化）的根源——市民社会的性质，并在唯物史观的基础上剖析了不自由的社会状况的经济运行的基本矛盾（社会化的大生产与资本主义私人占有之间的矛盾），并对这一矛盾在资本主义条件下的无法克服性给出了科学的分析，这一矛盾发展到极端，就是资本主义社会的解体，马克思还为资本主义的灭亡找到了革命的阶级——无产阶级。从这里可以看出，马克思的理想是建立在科学的唯物史观基础上的，并指出了实现理想的革命途径——无产阶级暴力革命。所以马克思指出了理论批判的局限性："批判的武器当然不能代替武器的批判，物质力量只能用物质力量来摧毁；但是理论一经掌握群众，也会变成物质力量。"[①]

马克思唯物史观的创建，不仅为不自由的阶级找到了可行的革命途径，还为新生成的社会构建了理想的制度——"自由人的联合

① 《马克思恩格斯文集》第1卷，第11页。

体”，在“自由人的联合体”中不自由的人可以实现自由的理想目标。在“自由人的联合体”中，可以实现两个目标，第一，人的自由全面的发展；第二，人与自然的和谐发展。“自由人的联合体”中的人，是“社会化的人”，作为联合起来的生产者，将合理地调节他们和自然之间的物质交换，不再受盲目力量的控制，而消耗最小的力量，在最无愧于和最适合于他们的人类本性的条件下进行这种物质交换。[①]

## 第三节 基于市民社会概念的马克思对黑格尔哲学的超越

### 一 马克思的市民社会概念与马克思哲学观的变革

马克思哲学观的变革在上文分别以马克思新世界观的萌芽，与马克思对费尔巴哈的超越为标题的论述中提到过，但上两处的论证是围绕与费尔巴哈的关系展开的。此处再次提到马克思哲学观的变革，是将其置于整个哲学史发展的高度，探讨其实现的哲学范式转变对于人类变革世界的影响。

马克思哲学观的变革源自马克思在《关于费尔巴哈的提纲》中提到的三种理解世界的方式：一是唯心主义地理解世界，二是旧唯物主义式地理解世界（只从客体方面或直观地理解世界），三是在感性活动中理解世界。对于第二种理解世界的方式我们在上文分别以马克思对于费尔巴哈的超越为中心展开了批判。而此处我们重点分析第一种理解世界的方式，以黑格尔的唯心主义意识哲学作为典范，比较其与马克思哲学观的本质差异，同时也超越了上文提到的马克思哲学观发展过程中必须面对两位哲学巨匠——黑格尔和费尔

① 《资本论》第3卷，人民出版社1975年版，第926—927页。

巴哈。而对于费尔巴哈，我们已做了具体而详尽的分析，此处，重点论述马克思哲学观对于黑格尔意识哲学的超越（在哲学史上实现了哲学范式的转换）。

马克思认为应在“感性活动”中理解事物、现实、感性，那么“感性活动”与市民社会之间有没有内在的联系？“感性活动”如何与马克思的政治理想（人的自由全面的发展）联系起来？“感性活动”在何种意义上超越了黑格尔的意识哲学而实现了哲学范式的转换？下文针对这些问题，展开具体的论述。

对于“感性活动”应做出两种界定，这在上文已作具体的说明。此处简要概括一下，即作为一般意义上的感性活动，即人与动物差别的作为类存在物的标志性明证——在改造世界的感性活动中获取自身生存的物质资料。正是在改造世界的感性活动中，人类证明了自身是类存在物。人类自身的生存方式决定了自身的思维方式，应在感性活动中理解事物、现实、感性，在感性活动中，人类真正实现了自身能动性与世界客观性的统一。

但是一旦将“感性活动”置于特定的社会形态中，感性活动就不是如马克思最初所言的人类自由自觉的类活动的实现。这种感性活动在资本主义社会中就具体化为工人劳动的异化，而马克思就是在破解劳动异化秘密（市民社会私有制的性质）的基础上，找寻到工人解放的途径，并在其后的继续研究中得出了市民社会在社会有机结构中的重要作用，给出了唯物史观的历史建构。唯物史观的建立，意味着马克思可以从历史的唯物的角度对宗教异化、政治异化、经济异化做出合理的解释。同时对于市民社会为何成为决定国家的力量在唯物史观的基础上进行唯物的解读。

找到了“感性活动”与市民社会的内在联系，自然就会对“感性活动”与马克思的政治理想之间的逻辑联系给出合理的诠释。市民社会的性质决定“感性活动”的状态，资本主义社会的私人占有制是工人劳动异化的根源，要改变工人劳动异化的状态，就需要改变资本主义生产资料私有制的性质，实现全体人民共同占有生产资料，这种公有性质的市民社会决定了国家代表全体人民的利益，人的自由全面的发展就有了经济基础及上层建筑保障。

马克思的“感性活动”（一般意义上）作为思维和存在的统一载体和作为一种新的理解世界的方式，实现了哲学观的伟大变革，是对西方两千多年的实体本体论的拒斥，是哲学的根本立场和存在论原则的转变。马克思所说的“感性活动本身”，“在西方哲学史上第一次打开了意识哲学通向客观世界的通道，为思想和精神的具体化、感性化乃至物质化找到了现实的活动形式，从而也为黑格尔毕生寻求的思存同一性、思想客观性、具体普遍性找到了真正的现实基础”①。

感性活动是理解事物、现实、感性的钥匙，只有在感性活动中，事物、现实、感性才得以向主体呈现，同时它们也是感性活动的产物，没有了感性活动，也就没有了事物、现实、感性，更不会有呈现给主体的对象。因此，“思想和观念一方面只能在感性活动基础上获得自己的感性内容和感性的具体性；另一方面思维规定感性、思维实现自己的能动性，也只能在感性活动中物化自身才能成为现实的力量并确证自己的客观性和真理性”②。

异化了的“感性活动”承载着生产力和生产关系的矛盾运动，马克思在破解工人劳动异化秘密的同时，也找到了无产阶级解放的道路，并在此后的研究中找到了解开历史发展之谜的钥匙（市民社会的秘密）——唯物史观。马克思正是在揭示劳动异化秘密的基础

---

① 孙利天：《马克思的唯物史观对黑格尔辩证法的颠倒》，《马克思主义与现实》2008年第2期。

② 孙利天：《马克思的唯物史观对黑格尔辩证法的颠倒》，《马克思主义与现实》2008年第2期。

上，理解了经济异化的根源所在，并进而找到了政治异化及宗教异化的世俗基础，此时的马克思为最初令其迷惑的问题上找到了答案，即强大的国际机器为何在私人利益面前却软弱无力？此时的马克思找到了市民社会决定国家的真正根源所在。

关于马克思实现对西方哲学范式的转换，海德格尔有过精彩的评述：由于马克思实现了对形而上学的颠倒，即将哲学思维的前提建立在实践的基础上，那么，马克思以前的旧哲学进入了终结阶段。如果还在旧哲学的范围内努力尝试着形而上学的思维，那只能是模仿性的变形而已。[①]

基于“感性活动”，马克思为思维和存在的统一找到了科学的基础，“感性活动”基础的确立，终结了西方两千多年的意识哲学或理论哲学，既为哲学找到了认识论意义上的现象学基础——感性活动，也赋予了哲学独特的价值功能，马克思指出，“哲学家们只是用不同的方式**解释**世界，问题在于**改变**世界”[②]。因此，马克思哲学的独特功能承担着全人类解放的目标，因此，哲学的实践性质、改变世界的理想目标是马克思特别关注的，也是由其哲学服务于政治理想的特殊性质所决定的。

对马克思的历史观，海德格尔给予了高度的赞扬：马克思在探讨异化的时候是深入到社会历史发展的真正的现实的物质生产活动中，并知晓时代的经济发展及其所需的“架构”，以及懂得这双重现实。[③] 这个“架构”，就是马克思唯物史观中论述的关于生产力与生产关系之间的矛盾运动。

海德格尔所言的“双重现实”既指生产力，也指受生产力发展所制约，但同时反过来影响生产力发展的交往形式，即市民社会，

---

① 孙周兴：《海德格尔选集》，生活·读书·新知三联书店1996年版，第1244页。

② 《马克思恩格斯文集》第1卷，第502页。

③ 吴晓明：《形而上学的没落》，人民出版社2006年版，第551页。

因此，马克思对经济发展所需“架构”即市民社会的强调，意味着市民社会概念在整个社会有机结构中的重要地位。基于市民社会概念上的唯物史观诞生后，就可以理解上层建筑内部的诸多关系，即国家机器的性质及意识形态的实质，也就会对政治异化做出唯物的解释，同时改变国家性质自然就有了可行性的途径，那就是改变资本主义私有制的性质，在生产资料公有制基础上建立起来的国家自然代表全体人民的利益。唯物史观的创建，意味着马克思最初一直寻找的历史发展过程的钥匙找到了，“历史之谜”有了答案。同时揭示了马克思哲学作为无产阶级解放的思想武器的真实目的——改变世界。

马克思的《资本论》与其唯物史观的关系，并没有引起学界的足够重视，事实上，马克思的《资本论》是对马克思唯物史观的科学论证，是唯物史观的现象学直观。面对繁杂的资本主义经济现象，运用何种方法才能实现对其运行规律的洞察呢？运用黑格尔的辩证法，马克思才实现了对资本主义经济现象本质规律的揭示。但因黑格尔庞大的哲学体系的起点是绝对理念，其思想的混合体贯穿着一条主线，即绝对理念外化为自然，又复归于精神，虽然黑格尔哲学体系中有辩证法的合理内核，有精神发展的历史过程的客观演绎，有基于国家与市民社会的关系探讨人的自由的实现等的智慧精华，但所有这些皆服从于绝对理念的逻辑演绎，皆成为绝对理念运演过程中的一个环节。

## 二 马克思哲学对黑格尔哲学的超越

马克思将辩证法的基础，从黑格尔的绝对理念，颠倒为现实的物质生产实践，为此，马克思哲学不仅在本体论和认识论意义上，超越了黑格尔的绝对理念（绝对精神），而且在价值论意义上，超越了黑格尔对自由实现基础的虚假思辨论证。

### （一）马克思的物质生产实践活动超越了黑格尔的抽象的自我意识

马克思将意识的来源奠基于感性的物质生产活动之上，而黑格尔将“绝对理念”设定为一切思维运行的逻辑起点，在黑格尔的哲学体系中，不是存在决定思维，而是思维决定存在。马克思指出：“我的看法则相反，观念的东西不外是移入人的头脑并在人的头脑中改造过的物质的东西而已。”①

马克思还对思想、观念产生的客观条件进行了详细的阐释：在物质行动的基础上，人们有了相互传递想法、彼此交流意见的需要，这种需要是语言产生必要的物质条件，运用语言表达人们在物质活动中的意见，思想、观念、意识因此而产生。思想观念（社会意识）中有一种特殊的形式，表现为统治阶级的价值观，即上层建筑中的观念形态——意识形态，特定民族的政治、法律、道德、宗教、哲学就隶属于意识形态的范畴。总之，作为现实生活过程的存在决定人们的意识，而人们的现实活动受生产力及与之相适应的交往的影响。②

马克思哲学研究问题的出发点是从事实际活动的人，而具有意识能动性是从事实际活动的人的鲜明特征，这样，可以确保从事实际活动的人能够把自己的生活过程，以意识的形式呈现出来，但是经验的存在，是任何意识形式的基础。因此，任何意识形式都没有独立性的外观。意识形式中的意识形态如道德、宗教等更是历史发展的产物。因此，社会存在决定社会意识是亘古不变的真理。马克思对黑格尔的唯心的、思辨的哲学继续批判道：思辨终止的地方，是真正的实证科学开始的地方。这种实证科学，是基于人们的现实

---

① 《马克思恩格斯文集》第5卷，第22页。

② 《马克思恩格斯文集》第1卷，第524—525页。

生活，是对人们实践活动和实际发展过程的描述，为此，关于意识的空话一定会被真正的知识所取代。离开人类历史发展的过程，任何抽象都没有任何价值。[①]

黑格尔和费尔巴哈犯了同样的错误：都没有意识到我们的生存基础，我们周围的感性世界，只能是工业等社会活动发展的历史产物，是世世代代接续传承，又不断创新创造的结果。[②] 人类持续的感性劳动和创造活动，不仅仅是现存的感性世界的基础，亦是人类直观能力的基础，是人类身体存在的基础。[③] 总之，人类物质生产实践活动对于人类来说具有三重作用，从创造物质财富来说，是人类赖以生存的基础；从作为人类思维能动性发挥的前提来说，是人类本质得以外化的基础；从认识论的角度来说，是人类意识得以产生的基础。离开此基础，抽象的自我意识就失去了赖以产生的客观内容，也失去了抽象的思维能力。

对于马克思的"感性活动"在何种意义上超越了黑格尔的意识哲学，孙利天教授在《马克思的唯物史观对黑格尔辩证法的颠倒》一文中，在传统理解方式的基础上，又做出了深入细致的分析。该文认为，马克思在"感性活动"（一般意义上）的基础上颠倒了黑格尔的意识哲学，这表现在两个方面：一是黑格尔的思维能动性所能达到的只是思维规定的具体性，但无法说明感性的多样性和具体性从何而来，更无法生成新的感性事物，即思维无法创造"非我"的感性，而只能直观和规定既有的感性。人类的思维能动性即对具体或感性的统觉作用只能来源于人类的感性活动，在感性活动中，人类不仅获得纷繁复杂的感性的具体的多样性（新的"非我"的感性得以呈现），同时人的抽象的思维能力也在具体的多样性中得

① 《马克思恩格斯文集》第 1 卷，第 525—526 页。

② 《马克思恩格斯文集》第 1 卷，第 528 页。

③ 《马克思恩格斯文集》第 1 卷，第 529 页。

以展现。二是“思维过程作为主体的能动性缺少感性的动力基础，思维自己运动的逻辑只能设定为精神本性、思维本性，而没有经验人类学的现实基础”①。

马克思的感性活动提供了人类学的现实基础，作为进入感性活动之前的客观对象，它以自然形态具体地感性地呈现在人类面前，这种形态的感性对象，是进入人类研究视线的前提。作为成功的感性活动的产物，感性活动凝聚了人类的智慧，但是也以自己的具体的形态感性地摆在人类的面前，作为人类开展进一步研究的基础。黑格尔强调的人类思维的能动性，只能在人类改造世界的感性活动中呈现出来，感性活动提供了源源不断的新的感性对象，新的感性对象是思维能动性得以呈现的客观条件，离开了新的感性材料，思维就会失去发挥作用的条件，能动性就渐趋枯竭，这和巧妇难为无米之炊的道理是一样的。康德的无直观的概念是空的，说的也是这个道理。这里我们亦会想起现象学中的“生活世界”这一概念来。我们必须“通过生活世界的直观经验及这经验所具有的自明性和可理解性来与客观自然发生关联”②。显而易见，是感性活动创造出了丰富多彩的“生活世界”。

（二）基于感性物质活动基础上的批判的革命的辩证法超越黑格尔的自我意识的思辨的辩证法

在《神圣家族》中，马克思批判了黑格尔抽象思维的产物实体的万能性，却蔑视真实存在的现实的具体的感性事物。无论黑格尔利用绝对精神如何折腾本质存在和感性存在的相互关系，但对于世界处于不断的运动过程中，他是绝对地赞同的，并对其生灭变化，从方法论的角度揭示其呈现出来的规律，这个规律被黑格尔称为辩

---

① 孙利天：《马克思的唯物史观对黑格尔辩证法的颠倒》，《马克思主义与现实》2008 年第 2 期。

② 张祥龙：《从现象学到孔夫子》，商务印书馆 2001 年版，第 27 页。

证法。黑格尔说："概念的运动原则不仅消溶而且产生普遍物的特殊化，我把这个原则叫做辩证法。"[①] 精神从抽象的普遍物过渡到现实世界的具体的特殊物，最后将特殊物消解在普遍物中，这就是辩证法的运行路径。我们抛开黑格尔逻辑的起点和终点，仅在感性世界里梳理黑格尔对事物矛盾运动的辩证法的界定。黑格尔说："凡有限之物不仅受外面的限制，而且又为它自己的本性所扬弃，由于自身的活动而自己过渡到自己的反面。"[②] 因为有限之物都是自相矛盾的。可见，黑格尔认为，现实世界中的每一个事物、每一个环节都有生成和消灭的过程。对于现实世界的生成与毁灭，黑格尔用花蕾、花朵、果实之间的否定关系来论述，"它们的流动本性使得它们同时成为一个有机统一体的不同环节，在这个统一体里面，各个环节不仅彼此不矛盾，而且每一个都是同样必然的，正是这个相同的必然性方才构成了整体的生命"[③]。有机体的后一个环节对前一个环节的否定是事物发展的必然环节，在辩证的阶段，有限的规定扬弃它们自身，并且过渡到它们的反面。[④]

在黑格尔的逻辑体系中，现实世界的生灭变化只是其概念发展的一个环节，但是抛开其逻辑起点和终点，我们不难看出，黑格尔认为历史发展应遵循进步的原则。对此，恩格斯评价道，黑格尔的"伟大功绩"在于将历史"描写为一个过程，即把它描写为处在不断的运动、变化、转变和发展中"[⑤]。

黑格尔将辩证法运用于人类社会发展的过程中，从世界历史发展的角度描述了国家形态演变的历程，黑格尔认为人类社会经历了东方社会的君主专制，古希腊罗马的民主共和制，到日耳曼世界的

① 黑格尔：《法哲学原理》，范扬、张企泰译，第 38 页。
② 黑格尔：《小逻辑》，商务印书馆 1980 年版，第 177 页。
③ 黑格尔：《精神现象学》（上），人民出版社 2015 年版，第 2 页。
④ 黑格尔：《小逻辑》，第 176—177 页。
⑤《马克思恩格斯文集》第 3 卷，人民出版社 2009 年版，第 542 页。

现代君主立宪制。东方社会的君主专制只保障君主一个人的自由，古希腊罗马的民主共和制实现了少部分人的自由，只有日耳曼世界的现代君主立宪制实现了全体人的自由。可见，人类社会的发展也体现了辩证法从低级向高级发展的规律。黑格尔将日耳曼世界的现代君主立宪制认定为历史发展的理想状态后，并没有断定人类社会发展已不再向前推进了。黑格尔认为北美洲的共和政体是永久的楷模。在黑格尔的视线里，北美洲的共和政体就是人类发展的最理想状态。

将人类社会终止于北美洲的共和政体，是有违辩证法的本意的，理论和实践的发展已证明了黑格尔这一想法的荒谬。黑格尔辩证法只适应于现象界，而现象界只是绝对理念运演的一个环节，这个生灭不息的感性世界最后要复归于绝对精神，绝对精神统治着感性世界。而黑格尔设定的绝对精神是永恒不变的。生灭不息的感性世界和永恒不变的绝对精神存在着明显的矛盾。对此，恩格斯评价说，黑格尔的辩证法是“一次巨大的流产”，因为它“包含着一个无法解决的内在矛盾”①。

黑格尔的辩证法被其安置在唯心主义哲学体系的框架内，必然出现矛盾，对此，马克思进行了深刻的批判。首先，马克思将辩证法的根基奠基于物质生产实践活动的基础上，在感性活动中，实现了主观能动性和规律的客观性的辩证统一、历史和逻辑的辩证统一、理论和实践的辩证统一。对于感性活动或实践的重要作用，马克思的经典叙述是，“全部社会生活在本质上是**实践的**。凡是把理论引向神秘主义的神秘东西，都能在人的实践中以及对这种实践的理解中得到合理的解决”②。其次，马克思从感性活动生发出的感性

---

① 《马克思恩格斯文集》第3卷，第543页。

② 《马克思恩格斯文集》第1卷，第501页。

存在的生灭，推导出一切世界的生灭，辩证法不仅仅适应于感性世界，适应于世界的一切领域。辩证法辩证地看待事物的发展趋势，不仅仅看到事物的积极的肯定方面的发展，还从否定的方面和暂时性方面来看待事物的发展变化，对于任何东西，包括权威，辩证法都不会盲目地崇拜，辩证法的本质，简言之，就是批判和革命的思维。辩证法批判的、革命的本质，决定了黑格尔对人类社会发展高阶目标的定位是荒谬的。

（三）基于感性活动基础上改造世界的哲学超越黑格尔的解释世界的哲学

在做《莱茵报》编辑的时候，马克思了解到了底层百姓生活的困难，国家并未如黑格尔所设计的那样，代表所有人的利益。这迫使马克思思考决定国家的重要因素何在？马克思进入经济学领域，在《1844 手稿》中，马克思对工人劳动异化涉及的四方面进行了具体的分析，在此基础上，马克思得出，私有财产是异化劳动的结果。可贵的是，马克思从中直观到资本主义社会一对矛盾的存在，即资本和劳动的对立。接下来，马克思继续研读世界政治和历史，从中总结出以往社会形态的运行规律，即人们的生产总是在一定的生产关系中进行的，这里的生产关系不是先天存在的，也不是永恒不变的。它是人们在生产过程中必然出现一种社会关系。随着生产力的改变，它也要做出相应的改变。手推磨产生的是封建主的社会，蒸汽磨产生的是工业资本家的社会。[①]

这里，马克思把辩证法运用到对社会发展规律的探讨上，看到了推动生产关系变革的动力所在。直接批判了黑格尔及其他资产阶级学者，认为资本主义制度永恒不变的荒谬性。在私有制的限制

① 《马克思恩格斯文集》第 1 卷，第 602 页。

下，生产力只获得了片面的发展。[①] 迄今为止的历史中多次发生过的革命，归根结底是因为生产关系与生产力之间的矛盾，对于生产关系，马克思还用“交往形式”来表述，由于这些革命没有科学理论的指导，斗争的结果，根本没有动摇交往形式的基础，同时革命的表现形式呈现多样化，如冲突的总和，不同阶级之间的冲突，意识的矛盾，思想、政治斗争等。[②] 这里马克思洞悉到资本主义基本矛盾的存在，即资本主义生产关系的私人占有制，与社会化大生产的客观要求（在全社会按比例分配资源）相背离，其结果必然被适应生产力社会化大生产要求的新的生产关系所取代。

不言而喻，马克思对一切思潮的批判和新的哲学思维和理论的建构，皆服务于其政治理想，自然，马克思批判的、革命的辩证法的最大价值，就是指导无产阶级变革现实世界。伴随着资本主义社会的发展，资产者和无产者之间的矛盾就愈加激化起来。矛盾激化的原因之一是随着机器的大量投入使用和持续不断的改良，需要工人的数量日益减少，工人的生活越来越得不到保障，即资本有机构成的不断提高，导致工人数量的减少，但同时，随着工业的发展，无产阶级力量日益壮大，并自觉地结合成更大的集体。这样，工人和资本家之间的单个冲突越来越演变为两大对立阶级之间的冲突。为此，工人开始成立反对资本家的同盟；用集体的力量捍卫自身的利益。为了便于斗争，他们还建立了稳定的组织，以便为可能发生的反抗准备食品。有些地方，斗争升级为起义。[③]

---

① 《马克思恩格斯文集》第 1 卷，第 566 页。

② 《马克思恩格斯文集》第 1 卷，第 567 页。

③ 《马克思恩格斯文集》第 2 卷，第 40 页。

# 第六章

# 唯物史观的价值取向及其当代意义

市民社会概念的生成意味着马克思唯物史观的诞生，唯物史观科学阐明了人类赖以生存和发展的现实基础——生产方式，为此，马克思视线中的人是从事物质生产活动的现实的人，是处于社会有机架构中的人。基于此，我们就可以理解这样一种事实，即资本主义社会中工人劳动异化的根源，源于市民社会的性质，即生产资料所有制的性质。资本家占有生产资料，决定了其无偿占有工人劳动价值所得——剩余价值，工人要想摆脱异化的劳动，即摆脱被剥削的命运，只有改变生产资料所有制的性质。为此，唯物史观是工人阶级获得解放的思想武器，是马克思实现其政治理想的理论锐器，是实现人类解放的法宝。从这个意义上讲，唯物史观具有生存论意义的价值取向。

马克思的唯物史观可以简约为社会有机结构诸要素间的相互作用和运动，是对社会运动一般规律的描述，如果我们不着眼于马克思思想发展的整个过程来阐释唯物史观，我们视线中的唯物史观就只是“见物不见人”的中性的解释框架。同样，如果我们不聚焦于马克思青年时代的抱负及理论上、实践中的困惑，我们视线中的唯物史观就会失去价值维度，社会有机结构是“现实的具体的人”的生存条件，实践是“现实的具体的人”的生存样态，人的生存离不开实践和社会有机结构两大支点，实践是确证人之所以为人的根据，社会有机结构（生产力、生产关系或经济基础、上层建筑）是实践得以展开的物质条件和社会保障。

唯物史观是马克思在解剖资本主义社会经济运行状况后，得出的关于人类社会发展一般规律的洞见，它作为一种理解人的生存状态并旨在改变人的生存异化的哲学观，具有明确的价值取向；唯物史观作为人类社会发展的一般原理，是建立在马克思对资本主义经济分析基础上的，为此，它需要经济学的支撑；唯物史观中对于国家与市民社会关系的探讨，内蕴着政治学的视角；资本是标志资本主义社会的本质概念，它的无理性扩张导致的生态危机已成为不争的事实，为此，唯物史观内蕴着生态学的维度。当代人类社会的发展面临着诸多挑战和危机，如何破解困境和摆脱危机，唯物史观为人类解难纾困提供了科学的指南；中国式现代化新道路作为坚持和发展马克思主义理论的实践结晶，为促进当代人类社会的发展提供了有益的借鉴。

## 第一节　多学科视域中唯物史观的生存论价值探讨

马克思哲学的历史使命，是为无产阶级解放和全人类自由全面发展提供科学的世界观和方法论，其必然蕴含着强烈的人文情怀和深刻的方法论意义，其思想深处一以贯之的关注点，就是如何使人摆脱生存的异化状态，如何在真正意义上实现人类自由全面的发展，所以唯物史观作为马克思思想成熟的结晶，自然蕴含着丰富的价值论意义。[①] 通过对马克思思想形成过程的梳理，我们发现马克

① 陆云、丁波：《多学科视域中唯物史观的生存论意义及其当代价值探讨》，《关东学刊》2016 年第 3 期。

思对资本主义的批判，从最初的宗教批判，转向政治批判，最后把批判的重心指向了经济批判。针对资本的无限制和非理性的扩张，马克思恩格斯尖锐地指出，资本的无限制扩张带来对自然界的巨大危害，导致生态环境的恶化。基于以上分析，我们试从不同的视角挖掘唯物史观的生存论意义，以期还原马克思唯物史观的形成是建立在多学科支撑基础上的，并具有多学科视野中内含的价值维度的事实。

## 一 哲学视域中的唯物史观

唯物史观，不论从其广义的内涵，还是从其狭义的内涵来说，均是一种解释世界的理论，因此均是哲学，从哲学的角度探讨唯物史观，是为了凸显马克思唯物史观的重大理论意义。作为探讨“人”学的哲学，唯物史观是探讨人成为人以及自觉为人的根据，人与动物的本质区别在于，人是通过能动地改造世界的实践活动，获取生活资料的来源，在此过程中，人的认识和实践能力得以提升。不仅如此，马克思还强调指出，人还可以按照美的规律改造自然，实现人的自由自觉的类活动。但只要将人的活动置于特定的历史维度（社会制度）中，人的实践（感性活动）就不会按照一般意义上理解的实践呈现在人们的面前，马克思视线中的实践（感性活动）就出现了异化，而破解异化，为“现实的个人”寻找解放的思想武器就是马克思的伟大使命。[①]

首先，马克思确立了在思维和存在统一的实践中理解世界的方式，这一世界观实现了哲学范式的重大变革，具有深刻的认识论意义，从认识论角度讲，实践是获得正确认识的来源，实践还是人类

---

① 陆云、丁波：《多学科视域中唯物史观的生存论意义及其当代价值探讨》，《关东学刊》2016 年第 3 期。

把观念性东西变为现实性东西的唯一渠道，实践的形式有生产实践、阶级斗争、科学实验、道德实践等，另外，只有通过实践，人类才能验证观念性东西是否正确或具有可行性。而将实践聚焦到资本主义社会中工人异化的感性活动，在实践中理解世界的哲学范式的变革，就具有了价值论的诉求。在感性活动中，人类获得了对于观念的直观明证性，即把观念性的东西外化为具体的、感性的、直观的物质形态或关系样态，正是对上述具体形态的直观，观念性的东西获得了明证性。马克思正是在体察到底层劳苦大众的现实的生活窘态，亲见工人被压榨的残酷现实后蓦然明白了资本主义国家和法律的虚伪性。另外，人类亦在感性活动中，提高了自身的思维能动性和认识世界与改造世界的能力，实践延展了人类的感性空间和认知对象。

其次，唯物史观的生成，意味着社会历史辩证法的诞生。意味着唯物史观将辩证法从自然领域贯彻到社会领域。为此，社会历史的辩证法作为高阶形态的辩证法，意味着完整形态的辩证法的生成。完整形态辩证法的生成，意味着我们不能偏狭地把辩证唯物主义仅仅局限于自然领域，也不能偏狭地将历史唯物主义仅仅局限于人类社会领域，而是要将整个世界置于人类历史发展的长河之中。在此过程中生成的认识世界和改造世界的根本方法——唯物辩证法，是贯穿于自然和人类社会、思维领域的最根本的矛盾分析方法。在此意义上，辩证唯物主义就是历史唯物主义，历史唯物主义就是辩证唯物主义。

## 二　政治经济学视域中的唯物史观

首先，从唯物史观诞生的起点看，对“异化劳动”与“私有财产”之间关系的追问是唯物史观诞生的逻辑起点。这一对范畴是政治经济学的重要概念，这是不言自明的事实。在《1844 手稿》

中，对于“私有财产”与“异化劳动”的关系，马克思思想运演的逻辑是这样的：看起来，似乎外化劳动是私有财产运动的结果，但事实上，私有财产是外化劳动的后果，正如神是人类理性迷误的结果一样。后来，这种关系就变成相互作用的关系。[①]

而只有当“私有财产”发展到“工业资本”的时候，即“私有财产”通过循环运动，实现增殖的时候，二者之间的关系，即“异化劳动”和“私有财产”之间才表现为相互作用的关系，但实质上“私有财产”是“异化劳动”的结果；那么，“异化劳动”是如何产生的呢？在《德意志意识形态》中，马克思给出了答案，是“自发分工”导致了“异化劳动”的出现。同时，马克思还意识到分工引发的另一现象，催生了一对矛盾的出现，这对矛盾呈现为个体或家庭与共同体之间利益的对立。“自发分工”的消极作用，不是出于个人自愿角度的分工，对人来说，就是形成压迫人的力量。人不能驾驭只能顺从这种分工的力量。[②] 自发分工包含生产力与生产关系两个维度，“异化劳动”和“私有财产”是自发分工的产物，亦是生产力与生产关系这对范畴的最初表现形式。“私有财产”隶属于生产关系范畴，所以马克思一开始的关注点即“私有财产”和“异化劳动”之间关系及处于二者来历的探讨，就是唯物史观核心内容（生产力与生产关系）的展开。

从唯物史观的形成过程的逻辑理路来看，马克思早在《1844手稿》中所下的判断就蕴含着唯物史观的最初萌芽：从“异化劳动”的概念可以得出“私有财产”的概念，而这两个因素是阐明国民经济学一切范畴的基础，我们将要探讨的每一个范畴，例如买卖、竞争、资本、货币，不过是这两个基本因素的特定的、展开了

---

① 《马克思恩格斯文集》第1卷，第166页。

② 《马克思恩格斯文集》第1卷，第536—537页。

的表现而已。[①]

其次，从唯物史观的内容看，市民社会是建构唯物史观的核心概念，马克思要解决的最重要的问题是：市民社会为何成为决定国家的重要因素呢？要想搞明白市民社会在国家中的地位、作用，就必须到政治经济学中去寻找答案。关于政治经济学与国家（政治）的关系，以及从政治经济学中梳理出市民社会在整个社会有机结构中的重要作用，马克思的这一逻辑框架有待进一步的深入研究。从唯物史观形成后，马克思对其思想形成过程的逻辑回溯中可以证实马克思研究前的逻辑预设。马克思在1859年《〈政治经济学批判〉序言》中的一段文字表述就是对这一情况的证明。1842—1843年，马克思作为《莱茵报》的编辑第一次遇到要对物质利益发表意见的难事。接下来，关于自由贸易和保护关税的辩论，均促使马克思去研究经济问题。[②] 在前文，马克思同样表述了要到经济学中去寻求市民社会秘密的观点。所以在马克思一生近40年的时间里，从未间断对经济学的研究。

最后，马克思政治经济学（《资本论》）是唯物史观的现象学直观。具有普适意义的一般原理往往源于对特殊事物的探究，而人体解剖是猴体解剖的钥匙。

在《资本论》中，马克思通过对资本主义生产方式运行过程的剖析，揭示了资本主义社会基本矛盾（生产力和生产关系）存在着自身无法克服的缺陷，这一基本矛盾又导致另一矛盾的产生（工人与资本的对立），两对矛盾的存在为无产阶级的解放指明了前行的道路。马克思通过对资本主义这一特殊社会形态的生产方式运行规律的揭示，得出了具有普适意义的生产力、生产关系、上层建筑三

① 《马克思恩格斯文集》第1卷，第167页。

② 《马克思恩格斯文集》第2卷，第588页。

者相互制约的逻辑运动链：生产力—生产关系（经济基础）—上层建筑，这就是成熟形态的唯物史观。①

马克思在《政治经济学批判（1861—1863年手稿）》中关于危机的探讨例证了资本主义社会的两对矛盾，马克思指出："在资本主义生产的本质中就包含着不顾市场的限制而生产。"②

马克思列举了棉布生产过剩带来了棉布厂工人的停业，因失业而导致他们成为更小程度的消费者，因此，资本主义的生产过剩是相对的生产过剩；马克思还指出，织布厂工人的失业还会引起纺纱者、棉花商人、机器生产者等给织布厂提供原材料、生产工具、能源等部门工人的失业，马克思的分析潜在地说明社会分工的客观存在，分工的精细化（生产力发展的客观趋势）要求全社会必须按比例分配资源，但资本主义社会能否满足生产力发展的客观要求呢？资本主义私人占有制呈现的事实是，各个资本家独立分散地把控着生产资料的分配比例和方向。各个资本家做出行动的根据，是市场上的价格信号，这种行动的盲目性是显而易见的，这必然造成资本主义私人占有制与社会化大生产之间的矛盾。资本主义私有制使雇佣劳动成为社会的主导形态，工人的活劳动无偿为资本家生产剩余价值，从此，资本进入世界舞台的中心。资本这一现代性的怪物，他的本质不是物，"而是一定的、社会的、属于一定历史社会形态的生产关系，后者体现在一个物上，并赋予这个物以独特的社会性质"③。资本出于对剩余价值的贪婪追求，无限制地延长工人的劳动时间，而在分配过程中，资本家获得了远远大于工人工资的剩余价值，这一状况导致生产力的不断增长与人民群众生活日益恶化的矛

① 陆云、丁波：《多学科视域中唯物史观的生存论意义及其当代价值探讨》，《关东学刊》2016年第3期。

② 《马克思恩格斯文集》第8卷，人民出版社2009年版，第261页。

③ 《马克思恩格斯文集》第7卷，人民出版社2009年版，第922页。

盾，这是工人阶级爆发革命的导火索。[①]

## 三　政治学视域中的唯物史观

马克思的唯物史观呈现了社会运动的基本规律，某种意义上亦是对经济、政治、文化三大社会要素内在制约关系的剖析，社会存在决定社会意识，是马克思广义唯物史观的内容，这一原理在现实生活中，外化为经济基础决定政治和文化，这种表述在马克思早期的文本中，表述为市民社会决定国家、法律及其所属的意识形式。以资本主义社会为例，作为市民社会的社会存在表现为资本家占有生产资料，那么由其决定的国家意识形态，只会反映资产阶级的利益，维护资本家的利益诉求。但是，资产阶级的法律却公然宣称“自由”“平等”，这是资产阶级在取得政权的前期为反对封建势力、争取革命力量而使用的一种号召手段而已。这种国家层面形式上的“自由”“平等”，与现实生活中的不平等形成鲜明的对比，因此，资产阶级革命的胜利，只是一种政治解放（政教分离），而非人类解放，只有当国家代表社会全体人的利益，而非部分人的利益，实现国家与市民社会完全意义上的统一，个人原则与社会原则的真正统一时，人类的解放才能真正实现。[②]

从唯物史观的内容上看，生产关系一定要随着生产力的发展而发展，上层建筑一定要适应生产关系的性质，如果代表上层建筑的政治、法律制度不能适应生产关系的性质，那么必定会引起生产关系性质的改变，比如，苏联的解体，就是要引以为戒的惨痛教训。为此，始终坚持党的政治性、人民性立场是中国共产党矢志不渝的

① 陆云、丁波：《多学科视域中唯物史观的生存论意义及其当代价值探讨》，《关东学刊》2016年第3期。

② 陆云、丁波：《多学科视域中唯物史观的生存论意义及其当代价值探讨》，《关东学刊》2016年第3期。

价值方向，并在现代化建设的实践中，切实把党的政治建设放在首要位置。政治建设作为党的根本性建设，决定党的建设方向和效果。[①] 而共产党最大的政治就是民心，共产党执政的最大底气和最深厚的根基在于人民。党员、干部的初心和使命践行得如何，要由群众来评价、由实践来检验。各级领导干部要把为人民服务的宗旨牢记心间，心系人民的安危冷暖和安居乐业，心系群众的困难和诉求，尽最大努力地办好各项民生事业。[②]

### 四 生态学视域中的唯物史观

生态问题，指人与自然之间的矛盾问题，人与自然之间的矛盾表现为生态环境的破坏、气候异常、自然资源面临枯竭的危险等。那么，为何会出现生态问题呢？有一种声音认为：工具理性使然，工具理性对待自然的态度，是将其作为被利用、被宰制的对象，从中获取利益最大化的心理满足。工具理性是一种扭曲的价值观，作为一种意识形式，有其产生的存在基础。追问其存在的基础，我们很容易想到资本逻辑，资本不是物，而是体现在物上的一定的生产关系。对于引发生态问题的始源性原因，我们落实到资本主义的生产关系上，资本主义生产关系不仅仅引发人与自然的矛盾，还导致人与人之间的矛盾，表现为两大阶级之间的对立。这些矛盾，都源于资本主义生产关系与生产力之间的矛盾，基于这一基本矛盾之上，马克思创建了唯物史观。

资本的作用，归根结底要服从于资本家的逐利，所以资本的生产有着作为普遍劳动的特性，也有着由其本性决定的生产的特殊性，作为一般劳动形式，创造出普遍的产业劳动，同时伴随着利用

---

① 习近平：《决胜全面建成小康社会 夺取新时代中国特色社会主义伟大胜利——在中国共产党第十九次全国代表大会上的报告》，人民出版社 2017 年版，第 62 页。

② 习近平：《习近平谈治国理政》第 3 卷，外文出版社 2020 年版，第 137 页。

人和自然属性的认知体系。资本生产的特殊性表现为资本实现了社会成员对自然界和社会联系本身的普遍占有，而对自然界规律的认识，其目的是使自然界服从于人的需要。[①] 简言之，资本“使自然界的一切领域都服从于生产”[②]。资本只满足于在生产中实现对利润的追求，对于自然界的承受限度和对自然界已经遭受的破坏，是不会过问的。对此，恩格斯警告道：“我们不要过分陶醉于我们人类对自然界的胜利。对于每一次这样的胜利，自然界都对我们进行报复。”[③]

马克思对生态危机的解决作过理论上的建构，认为共产主义通过对私有制的否定，可以实现人道主义和自然主义合一的发展。在资本逻辑主导世界的当代，人类越来越感受到生态问题的严重性。现在世界上有越来越多的人认识到自由放任的资本主义正在使国家陷入贫困，导致了巨大的社会不公，并使地球环境遭到破坏。[④] 20世纪90年代以来，随着资本主义产业资本跨越国界的扩张，西方马克思主义研究者力图将唯物主义与政治经济学批判嫁接起来，建构起独特的生态观。具体表现为：首先，不断丰富生态马克思主义的唯物主义内涵；其次，以马克思主义自然观为基础，继续建构马克思主义政治经济学与生态经济学的理论联系，用政治经济学的理论来解读自然问题，成为《资本论》在后马克思时代的延续；最后，在马克思主义自然观的基础之上，重新定位人和自然在生态中的关系，并反思“人类中心主义”，进一步梳理生态马克思主义的

---

① 《马克思恩格斯全集》第30卷，第389—390页。

② 《马克思恩格斯全集》第47卷，人民出版社1979年版，第555页。

③ 《马克思恩格斯文集》第9卷，人民出版社2009年版，第559—560页。

④ ［美］菲利普·克莱顿、贾斯廷·海因泽克：《有机马克思主义——生态灾难与资本主义的替代选择》，人民出版社2015年版，第59页。

理论机制。[①]

当代的生态危机，已经不仅仅是认识上的瓶颈，更为严重的是群体利益的对立，一部分人为了自身利益，不惜牺牲另一部分人的利益，如发达国家将电子垃圾运到发展中国家，招用发展中国家的劳工从事具有危险的职业。发展中国家在发展初期由于发展经验和经济能力的限制，忽略了生态的保护问题。因此，限制资本的非理性扩张，注重生态建设，是各国政府的首要任务。[②]

## 第二节 唯物史观的当代意义探讨

马克思的政治理想，就是实现人类的自由全面的发展，马克思所处的时代属于资本主义社会发展初期，即自由竞争的资本主义阶段，这个阶段的斗争目标，就是改变工人的劳动异化状态，途径是暴力革命。当代资本主义的发展呈现许多新的特征，总的特征表现为日益扩大的贫富差距，资本主义国家为了避免阶级矛盾激化，采取了一系列措施来缓解贫富差距造成的社会矛盾，但这不是从根本上解决矛盾的举措。资产阶级采取的改良措施印证了马克思唯物史观的生命力所在。中国式现代化新道路的一系列改革举措和新的发展理念亦印证了马克思唯物史观的价值旨趣。

### 一 当代资本主义社会发展的新变化

对于资本主义的新变化，我们从资本主义社会的生产、分配及经济调节机制和经济危机形态、政治制度几方面做简要概括。对于

---

① 张亮、孙乐强等：《21 世纪国外马克思主义哲学若干重大问题研究》，人民出版社 2020 年版，第 250—252 页。

② 陆云、丁波：《多学科视域中唯物史观的生存论意义及其当代价值探讨》，《关东学刊》2016 年第 3 期。

资本主义生产，主要从生产关系方面进行分析，体现为生产资料所有制和垄断资本形式。基于此，我们分别简述之。

第一，生产资料所有制的变化。从资本主义初期的私人资本所有制，到19世纪末20世纪初的私人股份资本所有制，再到第二次世界大战后的国家资本所有制和法人资本所有制。不同所有制形式的区别，在于所有权和控制权是统一还是分离，以及所有权掌握在谁手中。

第二，垄断资本形式的变化。伴随着科学技术在生产领域的普及与推广，工业资本的有机构成越来越高，工业资本获得的利润率呈现不断下降的趋势，资本家不愿意将手中的钱投入工业生产领域，导致资本主义国家实体经济的萎缩，乃至停滞的状态。资本家将手中的钱投入金融领域，导致金融经济与资本主义生产关系的紧密结合。这种形式在20世纪70年代获得空前发展，表现为金融垄断资本的盛行。金融垄断资本的杠杆效应越大，和实体经济的脱钩就越突出，最后的结局只能陷入金融经济危机的旋涡。

第三，劳资关系和分配关系的变化。资本家对待工人的态度，即资本对工人的压榨，从早期的延长工作日，到隐蔽的剥削方式——“泰罗制”和“福特制”的实行，再到后来缓和劳资关系的激励制度的实行。

第四，社会阶层和阶级结构的变化。主要体现为高级职业经理作为高级管理者，控制大公司的经营活动。另外，非物质生产劳动成为社会的主导。

第五，经济调节机制和经济危机形态的变化。从20世纪70年代起，西方国家弱化政府干预经济的作用，普遍强化市场对经济的调节作用。通过国有企业私有化来提升经济竞争力。但上述措施加剧了资本主义生产方式固有的矛盾，经济危机依然周期性爆发，只是经济危机由工业性质转变为金融性质。

第六，政治制度的变化。政治制度出现多元化趋势，公民权利有所扩大。“二战”后，资本主义国家普遍加强了法治建设，以协调社会各阶级与阶层的利益，缓和矛盾与冲突。[①]

但是，2008年由美国次贷危机引发的全球经济危机，打破了资本主义世界虚假的平衡，经济危机进一步导致政治危机、阶级矛盾、种族矛盾等社会结构性危机日益加剧。集中体现为三大功能的蜕化：经济发展失调；政治体制失灵；社会融合机制失效。[②] 新冠疫情，更加剧了西方资本主义国家的各种矛盾，民粹主义、逆全球化等成为阻碍人类社会进步的逆流。但在由生产力发展驱动的经济全球化条件下，世界任何一个国家的生产和消费，都不是个体的行为，要受到消费终端的消费者收入能力的影响。西方国家作为过度消费的主体，其经济萧条，必然影响其他国家的产品的售出，即必然引发生产型国家的经济危机，并进一步促发能源型国家的衰退，引发连锁式的全球经济危机。[③] 随着资本主义结构性危机的不断深化，全球政治经济格局的调整，将会成为世界历史发展的必然。

## 二　中国式现代化新道路的内涵与独特优势

中国式现代化新道路是马克思主义理论同中国具体实际相结合、同中华优秀传统文化相结合的实践结晶，有着区别于西方道路的价值凸显和制度优势以及中国共产党的坚强领导；即便同样作为社会主义现代化，但是中国式现代化和传统的社会主义理论以及实践还是略有不同的，它在中国改革开放的实践探索中，找到了适合中国发展的现代化新道路：在所有制的性质上，既坚持公有制的主体地位，又针对生产力水平发展较低的事实，允许其他所有制与公

① 《马克思主义基本原理》，高等教育出版社2021年版，第240—244页。

② 《马克思主义基本原理》，高等教育出版社2021年版，第247—249页。

③ 张亮、孙乐强等：《21世纪国外马克思主义哲学若干重大问题研究》，第94—95页。

有制并存发展；在资源配置的方式上，坚持以市场为主导的资源配置方式。坚持公有制的主体地位，保障了国家有实力驾驭并规范资本。为此，社会主义的本质——共同富裕目标的实现，有了物质基础的保障；基于中国特色社会主义制度之上的中国式现代化新道路和西方现代化有着本质的差别，是一条正在走向富裕、协调发展、和谐共生的和平发展的道路。

改革开放40多年来，我国在经济建设、民主法制、思想文化、人民生活改善等各方面取得了世界惊叹的成就，中国特色社会主义道路的可行性成为不言自明的事实。中国共产党在第二十次全国代表大会上总结了党的十八大以来中国取得的伟大成就：在坚持和运用马克思主义理论指导中国改革发展的实践过程中，实现了马克思主义中国化时代化的新飞跃；立足于中国现实的国情，运用马克思主义哲学的世界观和方法论，指导中国社会主义建设的实践，在探索中创新，在创新中发展，找到适合中国人民发展的社会主义道路，创立新时代中国特色社会主义理论；在政治保障上，全面加强党的领导和坚持马克思主义意识形态的指导地位的根本制度，在践行初心使命上，全面发展全过程人民民主，贯彻以人民为中心的发展思想，深入推进全面从严治党；在取得的成就方面，打赢了人类历史上规模巨大的脱贫攻坚战，中国人民实现了小康这个中华民族的千年梦想，对新时代党和国家事业发展做出科学完整的战略部署，以巨大的政治勇气全面深化改革；在发展理念和发展措施上，提出并贯彻新发展理念，实行更加积极主动的开放战略，坚持绿水青山就是金山银山的生态理念。在国家安全、军队建设、外交等方面也进行了总结和展望。[①]

---

① 习近平：《高举中国特色社会主义伟大旗帜　为全面建设社会主义现代化国家而团结奋斗——在中国共产党第二十次全国代表大会上的报告》，人民出版社2022年版，第6—13页。

## 三　后现代、后马克思主义及当代国外马克思主义的理论挑战

后现代主义哲学以批判传统形而上学及实体本体论的思维方式为旨趣，反对本质主义、基础主义、逻各斯中心主义，但自身却走向了相对主义及怀疑主义，因此以哈贝马斯、罗蒂为代表的当代哲学家提出了交往理性、意见一致性的真理观等哲学理解范式的探索，为困惑中的理性拓展前行的视轨。[①]

学者将后马克思主义的基本特征归纳为：反对马克思主义的总体性，提倡去经济中心化和阶级中心化，强调多元性与差异性，反对历史的客观性与必然性的乐观主义历史观；否定生产方式的基础地位，鲍德里亚认为，不再是“生产”而是“消费”控制了我们全部的生活，政治斗争的关注点从传统的“生产领域”转向更为微观的“消费领域”等在内的日常生活领域；解构阶级和取消阶级斗争，传统的产业工人作为阶级斗争的主体已走向崩溃，斗争的领域不局限于马克思认为的阶级问题，还存在着种族斗争、性别对抗、文化对抗、职业对抗等诸多领域的斗争。[②]

当代国外马克思主义同马克思主义一样，也对当代资本主义的诸多方面展开批判，在批判的基础上，建构了自己的理论，这些理论关注的问题域，已远远超过了传统的马克思主义视域，给人耳目一新的思想震动，但是，由于国外马克思主义避开社会的根基去谈论革命的理想，只能是空中楼阁式的梦想而已。当代国外马克思主义新理论涉及的内容有：关于当代资本主义经济危机理论、阶级理论、生态理论、女权理论、身份政治理论、生命政治理论，以及对

---

① 陆云、丁波：《多学科视域中唯物史观的生存论意义及其当代价值探讨》，《关东学刊》2016 年第 3 期。

② 卢春雷：《后马克思主义“非暴力革命”理论研究》，中国社会科学出版社 2011 年版，第 48—59 页。

中国特色社会主义道路的研究等。[①]

当代国外马克思主义对资本主义生产方式的批判，实质上是避开实质（资本主义生产关系）谈论一般现象（生产力表现），如智能生产、符号生产、信息生产，得出当代资本主义是建立在非物质劳动基础上的认知资本主义，认知资本主义社会的主要矛盾是知识共享性与资本主义知识垄断之间的矛盾；[②] 在对资本主义意识形态的批判上，虽然当代国外马克思主义结合2008年金融危机论证了资本主义的结构危机，以此揭示社会主义替代策略的必要性，并论证社会主义意识形态复兴的路径——“生命政治”“行动主义”，但是当代国外马克思主义的所谓理论创新，事实上只注重理论层面的突破，严重脱离了现实的工人阶级语境，没有深刻反映广大民众的新要求，更没有站在工人阶级的立场上去反思理论的现实性和实践的可行性。[③] 21世纪国外激进马克思主义对于共产主义革命理论的重构，偏离了马克思关于共产主义的理论原则，偏离了唯物史观的基础。

特别值得关注的是，奈格里和哈特基于资本在全球扩张的事实，撰写了《帝国》《大众》和《大同世界》三部曲，帝国是无中心、无边界的，是资本游走的任何地方，帝国是对民族国家的超越。无中心、无边界的权力关系使得新的剥削与压迫关系更加残酷与野蛮。[④] 当代，革命的主体已不是传统意义上的产业工人，而是占据核心地位的非物质劳动的主体——大众（诸众）。当代，非物质生产让生产空间内的自主组织变为可能。为此，他们在《大同世界》中设想了一套去中心、去等级、绝对民主平等的扁平组织方

① 张亮、孙乐强等：《21世纪国外马克思主义哲学若干重大问题研究》，第1—5页。

② 张亮、孙乐强等：《21世纪国外马克思主义哲学若干重大问题研究》，第136页。

③ 张亮、孙乐强等：《21世纪国外马克思主义哲学若干重大问题研究》，第217—218页。

④ 张亮、孙乐强等：《21世纪国外马克思主义哲学若干重大问题研究》，第157页。

式。依靠自组织方式，大众可以持续对资本主宰下的帝国发起进攻。奈格里、哈特的三部曲，虽然对当代资本主义的生产形式、革命主体、革命组织特征给出了具体分析，但其建构的帝国因背离全球政治秩序的核心基础——民族国家，所以其对革命行为的预判过于草率。

## 四 唯物史观的当代意义

梳理当代资本主义及社会主义社会发展的诸多变化，我们不难看出，马克思唯物史观对于当代社会发展的指导价值。现行的主要两种社会制度对于生产关系的积极调整，均有力地证明了马克思唯物史观的当代价值。唯物史观强调社会生产关系一定要适应生产力的发展，而西方资本主义国家如美国、英国等由个人资本向社会资本的转变，是为了主动调整生产关系以适应生产力社会化大生产的需要。当然这种改良并没有从根本上解决资本主义社会的基本矛盾，当代西方国家出现了私有化集中的倾向。这是资本主义国家不断调整生产关系的表现。

作为社会主义国家，我国由于处于社会主义初级阶段，生产力水平较为低下，为了适应生产力的状况，我国在改革开放初期，提出了以公有制为主体的多种所有制并存的所有制形式。[①]

当代世界的发展进入新的历史时期，在 2012 年习近平总书记首次提出“当今世界正发生前所未有之大变局”[②]，所谓的“大变局”，即西方资本主义和中国社会主义两种制度发展态势呈现新变化，其实质是新自由主义和马克思主义两种理论的对峙，是中西两种现代化发展模式进行较量后力量对比呈现的新变化。今天国际格

① 陆云、丁波：《多学科视域中唯物史观的生存论意义及其当代价值探讨》，《关东学刊》2016 年第 3 期。

② 王文、贾晋京、刘玉书、王鹏：《百年变局》，北京师范大学出版社 2020 年版，第 1 页。

局的新变化和人类发展陷入的危机，均证实了习近平总书记十年前的判断。唯物史观是观察当代世界变化的认识工具：“我们看世界，不能被乱花迷眼，也不能被浮云遮眼，而要端起历史规律的望远镜去细心观望。”[①] 这里的历史规律就是揭示人类社会发展规律的唯物史观，从马克思关于唯物史观的文字表述中，我们不难得出一条亘古不变的真理：生产关系要适应生产力的发展水平，上层建筑要适应经济基础（生产关系）的性质。生产力发展的显著标志体现在分工的发展上，分工的精细化和复杂化标志着生产力的发展已达到高度社会化的水平，高度社会化的生产力要求在全社会按比例分配资源，避免某个部门的生产出现过剩，但资本主义生产关系的私人占有制，满足不了在全社会按比例地配置资源的要求，这样，某些部门的生产出现过剩就是意料之中的事情。资本主义基本矛盾（生产力与生产关系）又引出了另一矛盾：资本的不断扩大再生产同劳动人民购买力相对缩小之间的矛盾，为此，资本主义经济危机的周期性爆发成为历史的必然。

资本逻辑主宰下的西方现代化自身固有的矛盾在新冠病毒的影响下集中爆发出来：高失业率、逆全球化的浪潮、生态危机、气候异常、信仰危机，转移国内矛盾引发的局部战争的爆发……危机的诸多表现皆源于资本主义私有制所决定的上层建筑的性质，西方国家只维护少数人的利益，因此，在收入的分配上出现严重的两极分化，贫富差距极为显著。资本逻辑主宰着经济、政治、文化等一切领域的发展，导致人的发展的异化，既是不争的事实，也是资本逻辑发展的必然。

马克思和恩格斯对资本逻辑主宰下的西方现代化的实质进行了

① 《习近平谈治国理政》第 2 卷，外文出版社 2017 年版，第 442 页。

辛辣的批判：资本主义生产造成“大多数人的贫穷和少数人的富有”[①]。西方国家的财富积累是建立在剥削压榨工人劳动的基础上的，是“以直接生产者的完全贫困化为代价而取得的”[②]。在《21世纪资本论》中，托马斯·皮凯蒂在研究20多个国家近300年的财富分配和收入数据的基础上，得出资本的回报增长率远远大于工资的增长率。300余年来，发达国家的资本回报率保持在每年4%—5%，而GDP的增速为1%—2%，雇佣工人工资的增速更低。

这一巨大反差已为资本主义生产的相对过剩埋下了隐患。可见，资本对劳动者的压榨一以贯之地贯穿于资本主义发展的始终。对于资本主义社会贫富差距的对比以及经济危机的周期性爆发，恩格斯有过犀利的批判，西方现代社会发展的速度越快，也就会越快地形成两大对立阶级，即资本家和雇佣工人；越快地形成对立的景象，即世袭的富有和世袭的贫困；越快地出现周期性的经济危机。[③]

资本主义社会周期性爆发的经济危机，带来的不仅仅是生产力的巨大破坏，底层百姓生活的困顿。更为严重的是，资本逻辑的非理性无限制扩张，对自然的肆意掠夺，造成对人类赖以生存的自然环境的极大破坏，导致气候问题日益严重。据报道，大气层废气的增多引发地球的温室效应，直接导致北极圈格陵兰岛上空下暴雨，这是极其罕见的气候现象，地球温度升高一旦达到某个界点，足以使南北极圈内的冰雪或冰川融化，海平面将升高4米以上，世界各国的沿海城市将被淹没。这就是资本主义现代化带来的人与自然的矛盾。

资本逻辑主宰的西方现代化的负面作用，不仅仅是生存环境的恶化，信仰危机亦是突出的社会问题。马克思用拜物教这一现象形

① 《马克思恩格斯文集》第5卷，第821页。
② 《马克思恩格斯文集》第7卷，人民出版社2009年版，第697页。
③ 《马克思恩格斯文集》第9卷，人民出版社2009年版，第165页。

容人的发展的异化状态，还从整个人类社会发展的过程说明拜物教发展的历史必然性。人类发展需经历三种社会形态，即人与人之间的依赖关系—物的依赖性—人的自由发展，资本主义社会只是实现了政治解放，摆脱了人对人和神的依赖性，但又陷入了对物的依赖的畸形发展状态。马克思对此批判："人的社会关系转化为物的社会关系；人的能力转化为物的能力。"[①] 物化逻辑主宰一切，人沦为物的奴隶，成为非完整意义上的人，成为身心分裂的没有尊严的人。资本逻辑"把人的尊严变成了交换价值，用一种没有良心的贸易自由代替了无数特许的和自力挣得的自由"[②]。把人对人以外的物的占有作为衡量生命价值的尺码，是完全颠倒的价值观，在一定意义上，人对物的占有越多，他偏离本真意义上的生命的存在越远。对此，马克思批判道："他的生命表现就是他的生命的外化，他的现实化就是他的非现实化，就是**异己的**现实。"[③]

对于当代拜物教的本质，当代左翼思想家齐泽克给出了他的理解，他认为，拜物教是资本主义意识形态的隐秘形态。作为隐秘形式的意识形态，都是由"幻相"所导致的，因为大众不了解自己所处的社会现实，他们的行为受到幻相和商品拜物教的诱导。拜物教是掩盖资本剥削真相的意识形态的幻相。

以上是从学理上对当代资本主义国家出现的诸多危机的概括性分析，也是对危机的深度探讨。那么，当代资本主义发展的出路何在？如何解决人类面临的共同困境？对于这个问题，马克思的唯物史观已给出了理论上的指导——变革生产关系，这是从理论层面给出的解决方案。从实践的层面看，马克思变革生产关系的理论指导，随着世界上第一个社会主义国家的建立，在1917年就已变为

① 《马克思恩格斯文集》第8卷，第51页。
② 《马克思恩格斯文集》第2卷，第34页。
③ 《马克思恩格斯文集》第1卷，第189页。

现实。其后，世界上又陆续建立起一系列社会主义国家。但是在20世纪90年代社会主义的发展遭受了挫折，唯有中国特色社会主义现代化建设朝气磅礴。中国共产党领导的中国特色社会主义现代化新道路，不同于西方道路：坚持创新、协调、绿色、开放、共享的发展理念，坚持人民至上的初心……当代西方现代化引发的诸多危机，成为人类发展的瓶颈，也成为挑战人类智慧的21世纪难题，中国共产党秉持和而不同的理念，坚持求同存异的原则，倡导世界各国共同推动人类命运共同体的建构。

在刚刚结束的中国共产党第二十次全国代表大会上，习近平总书记又特别指出中国式现代化，是中国共产党领导的现代化，既有各国现代化的共同特征，又有基于国情的中国特色：从政治目标来说，是全体人民共同富裕的现代化；从中国国情来说，中国式现代化是人口规模巨大的现代化；从人类共同追求的普世价值目标来看，是走和平发展道路的现代化，是物质文明和精神文明相协调的现代化，是人与自然和谐共生的现代化，并突出强调中国式现代化的本质要求：从领导力量看，坚持中国共产党领导；从制度优势来看，坚持中国特色社会主义；从发展的价值取向来看，实现高质量发展，发展全过程人民民主，丰富人民精神世界，实现全体人民共同富裕，促进人与自然和谐共生；从解决现代性危机的方案来说，推动构建人类命运共同体，创造人类文明新形态。①

① 习近平：《高举中国特色社会主义伟大旗帜　为全面建设社会主义现代化国家而团结奋斗——在中国共产党第二十次全国代表大会上的报告》，人民出版社2022年版，第22—24页。

# 参考文献

**著作**

[1]《马克思恩格斯全集》第2、16、21卷，人民出版社1957、1964、1965年版。

[2]《马克思恩格斯全集》第1、3卷，人民出版社1995、2002年版。

[3]《马克思恩格斯全集》第4、27卷，人民出版社1958、1972年版。

[4]《马克思恩格斯全集》第13卷，人民出版社1962年版。

[5]《马克思恩格斯全集》第21卷，人民出版社1965年版。

[6]《马克思恩格斯全集》第30卷，人民出版社1995年版。

[7]《马克思恩格斯全集》第31卷，人民出版社1998年版。

[8]《马克思恩格斯全集》第40卷，人民出版社1982年版。

[9]《马克思恩格斯全集》第42卷，人民出版社1979年版。

[10]《马克思恩格斯全集》第46卷（上），人民出版社1979年版。

[11]《马克思恩格斯全集》第49卷，人民出版社1982年版。

[12]《马克思恩格斯文集》第1—10卷，人民出版社2009年版。

[13] 马克思：《克罗茨纳赫笔记》第四本，参看《马克思主义和国际工人运动史略》，莫斯科，1977年版。

[14] 马克思：《资本论》第1卷，人民出版社2004年版。

[15] 马克思：《1844年经济学哲学手稿》，人民出版社2000年版。

[16] 马克思：《资本论》第3卷，人民出版社2004年版。
[17]《马克思恩格斯〈资本论〉书信集》，人民出版社1976年版。
[18] [法] 奥古斯特·科尔纽：《马克思恩格斯传》(第1卷)，生活·读书·新知三联书店1980年版。
[19] [德] 黑格尔：《逻辑学》上卷，商务印书馆1966年版。
[20] 费尔巴哈：《费尔巴哈哲学著作选集》(上卷)，生活·读书·新知三联书店1959年版。
[21] 费尔巴哈：《费尔巴哈哲学著作选集》(下卷)，生活·读书·新知三联书店1962年版。
[22]《莱茵社会改革年鉴》(第1卷)，达姆施塔德，德文版，1845年版。
[23] 习近平：《谈治国理政》(第3卷)，外文出版社2020年版。
[24] 习近平：《决胜全面建成小康社会 夺取新时代中国特色社会主义伟大胜利——在中国共产党第十九次全国代表大会上的报告》，人民出版社2017年版。
[25] 习近平：《高举中国特色社会主义伟大旗帜 为全面建设社会主义现代化国家而团结奋斗——在中国共产党第二十次全国代表大会上的报告》，人民出版社2022年版。
[26] [法] 奥古斯特·科尔纽：《马克思恩格斯传》(第2卷)，生活·读书·新知三联书店1965年版。
[27] [德] 黑格尔：《法哲学原理》，范扬、张企泰译，商务印书馆1961年版。
[28] 孙伯鍨、侯惠勤主编：《马克思主义哲学的历史和现状》(上、下卷)，南京大学出版社2004年版。
[29]《马列主义编译资料》(第12编)，人民出版社1980年版。
[30] [法] 卢梭：《社会契约论》，何兆武译，商务印书馆1985年版。

[31] 尼·拉宾:《马克思的青年时代》,生活·读书·新知三联书店 1982 年版。
[32] 梅林:《马克思传》(上卷),人民出版社 1973 年版。
[33] 张盾:《马克思的六个经典问题》,中国社会科学出版社 2009 年版。
[34] 王天成:《直觉与逻辑》,长春出版社 2000 年版。
[35] 孙周兴:《海德格尔选集》,生活·读书·新知三联书店 1996 年版。
[36] 吴晓明:《形而上学的没落》,人民出版社 2006 年版。
[37] 张祥龙:《从现象学到孔夫子》,商务印书馆 2001 年版。
[38] 冯景源:《马克思异化理论研究》,中国人民大学出版社 1987 年版。
[39] 许征帆、李鹏程、马绍孟、成保良、刘伟能、刘炯忠:《马克思主义学说史》(第 1 卷),吉林人民出版社 1987 年版。
[40] 周泽之、罗保国、刘国红、项锷、何静:《社会历史之谜的科学解答》,《马克思主义经典著作选讲》,生活·读书·新知三联书店 2007 年版。
[41] 沈真:《马克思恩格斯早期哲学思想研究》,中国社会科学出版社 1982 年版。
[42] 潘恩:《潘恩选集》,商务印书馆 1981 年版。
[43] 张祥龙:《从现象学到孔夫子》,商务印书馆 2001 年版。
[44]《论马克思主义哲学的形成和发展——1982 年全国马克思主义哲学史学术讨论会论文选》,河南人民出版社 1983 年版。
[45]《马克思恩格斯〈资本论〉书信集》,人民出版社 1976 年版。
[46] 苗力田:《黑格尔通信百封》,上海人民出版社 1981 年版。
[47] [美] 柯亨、[美] 阿拉托:《市民社会与政治伦理》,麻省理工出版社 1992 年版。

[48] 邢贲思：《费尔巴哈的人本主义》，上海人民出版社 1981 年版。

[49] [美] 菲利普·克莱顿、贾斯廷·海因泽克：《有机马克思主义——生态灾难与资本主义的替代选择》，人民出版社 2015 年版。

[50] 张亮、孙乐强等：《21 世纪国外马克思主义哲学若干重大问题研究》，人民出版社 2020 年版。

[51] 托马斯·皮凯蒂：《21 世纪资本论》，中信出版社 2014 年版。

[52] [美] 大卫·哈维：《资本社会的 17 个矛盾》，许瑞宋译，中信出版社 2016 年版。

[53] 王文、贾晋京、刘玉书、王鹏：《百年变局》，北京师范大学出版社 2020 年版。

**期刊**

[1] 孙正聿：《历史唯物主义与哲学基本问题——论马克思主义的世界观》，《哲学研究》2010 年第 5 期。

[2] 孙利天：《马克思的唯物史观对黑格尔辩证法的颠倒》，《马克思主义与现实》2008 年第 2 期。

[3] 孙正聿：《历史的唯物主义与马克思主义的新世界观》，《哲学研究》2007 年第 3 期。

[4] 赵敦华：《〈资本论〉和〈逻辑学〉的互文性解读》，《哲学研究》2017 年第 7 期。

[5] 苏海龙：《马克思市民社会概念的历史演变》，《学术探索》2007 年第 1 期。

[6] 何增科：《市民社会概念的历史演变》，《中国社会科学》1994 年第 5 期。

[7] 汪信砚、夏昌奇：《论黑格尔的市民社会概念》，《武汉大学学

报》（人文科学版）2007 年第 3 期。
[8] 陈晏清：《马克思的市民社会理论及其意义》，《天津社会科学》2001 年第 4 期。
[9] 李佃来：《马克思关于国家与市民社会关系内涵之探讨》，《湖北行政学院学报》2007 年第 3 期。
[10] 郁建兴：《从政治解放到人类解放——马克思政治思想初论》，《中国社会科学》2000 年第 2 期。
[11] 俞吾金：《论马克思对德国古典哲学遗产的解读》，《中国社会科学》2006 年第 2 期。

**学位论文**

[1] 张琼：《国家与自由——从〈法哲学原理〉透视黑格尔国家理论》，博士学位论文，吉林大学，2009 年。
[2] 蒋红：《马克思的市民社会理论和唯物史观的创建》，博士学位论文，复旦大学，2006 年。
[3] 翁寒冰：《马克思对黑格尔的五次批判——一种反思性的学术解读》，博士学位论文，南京大学，2013 年。

# 后　记

本书的前身是我的博士学位论文，此次出版时作了一定的增订。

论文的选题是与导师张盾教授共同商定的。初稿完成后，张老师大至篇章结构，小至文字润色，提出了细致的修改意见。论文的顺利完成，是与导师的耐心指导分不开的。在此，向张老师致以最诚挚的感谢！

在开题报告会上，孙正聿先生、孙利天先生、杨魁森先生、贺来先生对论文的选题、内容与框架结构等方面提出了诸多宝贵意见。尤其是孙利天老师富有建设性的指导意见，让我在已有论证的基础上，重新找到新的切入点，使论文得以顺利推进。在论文的修改过程中，王天成先生也提出了宝贵的意见。在此谨向各位先生表示最诚挚的感谢！

感谢师妹于微、吴永华、刘聪及师弟田冠浩、邢国凯、袁利国、王华在四年的学习生活中，曾给予我真诚的帮助。

真诚感谢韩喜平教授、吴宏政教授、罗克全教授对博士论文的出版给予的大力支持！真诚感谢赵俊芳教授、田毅鹏教授、穆艳杰教授、贾中海教授、卜祥记教授、曹泳鑫教授、杨卫教授、韩志伟教授等一直以来的无私帮助与提携！真诚感谢中国社会科学出版社杨晓芳老师，对推进论文的顺利出版及校对所做的大量工作！

论文得以完成，还要感谢我的爱人。由于专业上的差别，他只能帮我做点外围工作，在网上邮购资料或订阅报刊。最让他高兴的是十多年前在旧书摊上购买的《马克思恩格斯全集》和《马克思恩格斯选集》终于发挥了作用。

感谢父母亲多年来默默的支持和鼓励！婚后不久，爱人从苏北老家远赴吉林大学读书，是父母亲及家人分担了照顾孩子的重任，让我得以克服多年两地生活带来的困难。这本不成熟的小书，既是求学生涯的阶段性总结，也是回馈给家人的一份礼物。

**陆　云**

2022 年 12 月 6 日